*à monsieur Delisle membre de
l'Institut hommage affectueux de l'auteur*

NOTICE

SUR

M. LE DUC DE LUYNES

L'auteur et l'éditeur déclarent se réserver les droits de traduction et de reproduction à l'étranger.

Cet ouvrage a été déposé au ministère de l'intérieur (section de la librairie) en août 1868.

PARIS. TYPOGRAPHIE DE HENRI PLON, IMPRIMEUR DE L'EMPEREUR,
RUE GARANCIÈRE, 8.

NOTICE

SUR

M. LE DUC DE LUYNES

MEMBRE DE L'INSTITUT

REPRÉSENTANT DU PEUPLE
AUX ASSEMBLÉES CONSTITUANTE ET LÉGISLATIVE DE 1848 A 1851
ANCIEN MEMBRE DU CONSEIL DE SURVEILLANCE
DE L'ASSISTANCE PUBLIQUE A PARIS ET DU CONSEIL GÉNÉRAL DE SEINE-ET-OISE
CHEVALIER DE L'ORDRE DU MÉRITE DE PRUSSE
MEMBRE HONORAIRE DE L'ACADÉMIE DES SCIENCES DE BERLIN
ASSOCIÉ DE L'INSTITUT ARCHÉOLOGIQUE DE ROME
MEMBRE DU CONSEIL DE LA SOCIÉTÉ DE L'HISTOIRE DE FRANCE, ETC., ETC.

PAR

J. L. A. HUILLARD-BRÉHOLLES

'Ο μὰν πλοῦτος ἀρεταῖς
δεδαιδαλμένος
φέρει τῶν τε καὶ τῶν
καιρὸν, βαθεῖαν ὑπέχων
μέριμναν ἀγροτέραν,
ἀστὴρ ἀρίζηλος, ἀλαθινὸν
ἀνδρὶ φέγγος.

PINDARE, *Olymp. II*, 96-102.

PARIS

HENRI PLON, IMPRIMEUR-ÉDITEUR

10, RUE GARANCIÈRE

1868

En consacrant ces pages à l'homme éminent qui fut pour moi un bienfaiteur et, si j'ose le dire, un ami, je n'ai d'autre prétention que de rassembler des souvenirs personnels et d'y ajouter le témoignage de quelques hommes distingués, admis durant de longues années dans une intimité qui ne s'ouvrait pas aisément. La mort inopinée du duc de Luynes a presque été un deuil public, et les jugements qu'on a portés sur lui se sont unis dans un concert de regret, d'admiration et de respect. Néanmoins il m'a paru qu'à les prendre dans le détail, la plupart de ces appréciations se ressentaient un peu de la précipitation qu'impose à la presse quotidienne la nécessité de paraître bien informée. Une vie aussi remplie et en même temps aussi renfermée demande à être étudiée avec maturité et avec précaution, par quelqu'un qui se tienne en dehors des exagérations de la première heure et des commérages même bienveillants. Si j'entreprends de raconter ce que j'en ai pu voir et savoir, je crois m'acquitter d'un devoir de reconnaissance, et ce sentiment m'oblige à louer M. de Luynes comme il aurait seulement consenti à être loué, c'est-à-dire avec exactitude et mesure. Le culte du beau, l'amour du bien, la recherche de la vérité et de la justice, ont été les règles de sa vie. Ces règles, il les a suivies avec une sérénité calme qui ne permet pas de faire de lui un homme de parti pris ou d'opinions excessives. Il conviendrait peu de le mêler aux ardentes polémiques du temps présent.

Quelle qu'ait été sa valeur morale, la part considérable qu'il prit au mouvement scientifique en tout genre restera peut-être son principal titre de gloire. En m'étendant sur ce point, je serai amené à dévoiler quelques-uns de ces bienfaits littéraires dont il parlait peu, dont il ne se vantait jamais. Le silence qu'il gardait ne dispense personne de lui rendre publiquement un hommage posthume. Plusieurs de ceux qu'il a obligés et qui me connaissent, m'ont prié de le dire ici pour eux. Les autres, dont je n'ai pas l'honneur d'être connu, m'absoudront sans nul doute d'avoir rappelé leurs noms et leurs œuvres à côté des œuvres et du nom du duc de Luynes.

HUILLARD-BRÉHOLLES.

30 juin 1868.

NOTICE

SUR

M. LE DUC DE LUYNES

« Si le préjugé de la naissance, a dit Lemontey, suffit pour pervertir la foule des âmes communes, on ne peut nier qu'il n'élève à un degré d'excellence incomparable les naturels heureux qui eussent été nobles et bons indépendamment de cette faveur du sort. » Ces paroles sont encore vraies aujourd'hui, et si l'on en fait l'application à M. de Luynes, on en reconnaît d'autant mieux la justesse. Assurément personne de nos jours, aussi bien que lui, n'a compris et mis en pratique l'ancienne devise : *Noblesse oblige*. Mais dans des conditions plus humbles de naissance et de fortune, il eût encore tiré et développé de son propre fonds assez de qualités essentielles pour devenir l'égal des plus illustres et des meilleurs. Né à Paris le 15 décembre 1802, Honoré-Théodoric-Paul-Joseph d'Albert, duc de Luynes, est mort à Rome le 15 décembre 1867. Il avait donc, jour pour jour, soixante-cinq ans accomplis au moment où il succomba. Dans cette existence, dont la durée dépasse la moyenne de la vie humaine, il n'y a pas eu un mois, on pourrait presque dire pas un jour qui n'ait été marqué par quelque travail utile, par quelque bonne action. Soit qu'on examine la vie privée et la vie publique du duc de Luynes, soit qu'on le considère comme savant, comme historien, comme archéologue, comme protecteur des lettres et des arts, on reste frappé de l'unité parfaite qui sous des formes diverses préside à toute l'ordonnance de sa conduite. Suivant l'expression d'un de ses plus dignes confrères, il fut un grand homme de bien [1], et ce mot le résume d'avance tout entier.

I.

M. de Luynes avait été dès sa première jeunesse garde du corps dans la compagnie de Luxembourg, et il avait contracté au service militaire des habitudes de régularité et de ponctualité dont il ne se départit jamais. Levé habituellement de très-grand matin, il allumait lui-même sa lampe et son feu, et donnait les premières heures de la journée à sa correspondance et à ses affaires. Le milieu du jour était consacré aux travaux d'érudition et aux essais du

---

[1] Discours prononcé aux funérailles du duc de Luynes par M. de Longpérier, alors président de l'Académie des inscriptions et belles-lettres, le 28 décembre 1867.

laboratoire. Le soir, dans les veillées, qu'il prolongeait rarement, il aimait à relire en famille les grands écrivains du dix-septième siècle, Corneille et Molière surtout, ou bien il dessinait quelque composition savamment agencée, dont il cherchait les motifs dans les monuments de l'antiquité. Quelquefois son crayon s'amusait à reproduire les traits de ses parents, de ses amis, de ses voisins, qu'il esquissait en charge avec une vérité frappante. Il se promenait peu, chassait à pied et sans ardeur, quoiqu'il fût tireur excellent, et il cessa de bonne heure l'exercice du cheval, redoutant pour lui l'embonpoint précoce dont son père et son grand-père avaient eu à souffrir. Grand et robuste, il avait, par suite de cette appréhension, adopté un régime d'une extrême sobriété [1]. Ce grand seigneur, qui eut toujours et en tout le goût du beau, ne tenait point au luxe. Nulle recherche dans ses habits ni dans les meubles et les voitures qui étaient à son usage personnel. Sa chambre à coucher, avec un lit sans rideaux, avait presque l'austérité d'une cellule. Sauf l'ordre du Mérite civil de Prusse que le roi Frédéric-Guillaume IV lui envoya en 1852 et qu'il ne put

---

[1] Assis à une table abondamment servie, il ne touchait, surtout dans les dernières années de sa vie, qu'à un ou deux mets, préférait les légumes aux viandes, ajoutait beaucoup d'eau à du vin blanc léger, et s'impatientait toujours un peu de la longueur des repas. Il finit même par s'abstenir tout à fait de chair et de poisson. Le cigare était la seule friandise qu'il se permit. Encore y renonça-t-il sans hésiter quand il eut reconnu que cette habitude pouvait être nuisible à sa santé.

refuser, il n'accepta aucune décoration [1], et il ne porta même celle-là qu'une fois dans la visite qu'il fit au roi de Prusse pour le remercier d'une faveur qu'il n'avait point sollicitée. Ce n'est pas qu'il dédaignât ces distinctions honorifiques, mais il ne croyait jamais avoir fait assez pour les mériter, et là aussi sa simplicité était d'accord avec sa modestie.

En toutes les choses du dehors il avait un fonds de timidité qui remontait aux impressions de sa plus tendre enfance, au temps où la duchesse de Chevreuse, sa mère, le tenait pour ainsi dire caché, sous prétexte qu'il avait les cheveux roux. Tout jeune il fuyait le monde, et quand il fut obligé d'y paraître, il lui fallait faire un grand effort sur lui-même pour se mettre au ton d'une conversation légère et brillante. Chez lui, son abord était digne, avec une nuance de gravité dont sa bienveillance tempérait le sérieux. Il n'y avait dans ses manières rien de l'empressement banal du commun des hommes, ni de la roideur ordinaire à la plupart de ceux qui sont au-dessus du niveau. Le duc de Luynes écrivait avec une politesse exquise, et ne se permettait sur ce point aucun écart, même quand il était mécontent. Aussi

[1] Les almanachs et les livrets se sont obstinés pendant bien longtemps à ajouter au nom du duc de Luynes le signe distinctif d'officier de la Légion d'honneur. La vérité est qu'il n'était pas même chevalier. Comment donc le gouvernement aurait-il pu songer à le faire commandeur au moment où il donna ses collections à la Bibliothèque impériale? Ce propos a pourtant été répété sérieusement par un écrivain sérieux (*Semaine des Familles* du 18 janvier 1868).

était-il assiégé de solliciteurs [1], qui ne savaient ou ne voulaient pas lire entre les lignes le vrai sens de ses réponses. Il était prompt à juger, et revenait difficilement d'une première impression défavorable. En revanche, sa confiance une fois donnée était très-solide, et avec ceux qu'il honorait de son amitié, son humeur restait indulgente et toujours égale. Il connaissait à fond le grand art d'obliger, et dans ses rapports avec les savants, s'il offrait son appui, c'était sous une forme délicate qui rehaussait le prix du service. Ayant appris par lui-même que les heures sont brèves et que l'étude est difficile, il ne s'irritait des obstacles ni ne se refroidissait des lenteurs, à moins qu'il ne crût avoir affaire aux deux vices qu'il détestait le plus, la cupidité et la paresse, car il n'était point de ces riches chez qui l'on peut dire que la pointe de libéralité s'émousse aussitôt qu'elle a percé et qu'elle a produit l'effet qu'ils en attendaient.

M. de Luynes, nous l'avons dit, était timide et ne l'ignorait pas. De là, par une réaction naturelle, sa crainte de paraître ou dominé ou irrésolu, et dans la vie pratique une vivacité de décision qui allait quelquefois d'un bond jusqu'à l'extrême. Mais comme il avait une raison droite et un heureux naturel, il eut rarement à se repentir, et les autres plus rarement encore à se plaindre, de ces impétuosités soudaines.

---

[1] M. de Luynes a dit un jour à l'auteur de cette notice qu'en une seule matinée il avait reçu des demandes de subventions ou de secours pour un chiffre qui s'élevait à plus de vingt mille francs.

Au contraire, dans les choses de l'esprit, il ne donnait presque rien au premier mouvement. Sa défiance de lui-même n'était pas alors une faiblesse, mais un mérite de plus. Il prenait les avis, pesait les arguments, hésitait à se décider jusqu'à ce qu'il se fût prouvé par un long travail l'exactitude de la démonstration qu'il voulait faire.

Dans l'intimité il savait sortir sans effort de sa réserve habituelle, que les gens du monde ont souvent taxée de froideur, et qui tenait surtout à cette invincible timidité. Que de fois nous l'avons vu s'abandonner librement à la gaieté la plus franche! S'il entendait conter quelque anecdote comique, quelque plaisanterie, même assaisonnée d'un peu de sel gaulois, il se renversait dans son fauteuil; ses yeux d'un bleu vif, bordés de cils blonds, se fermaient à demi; sa bouche, qu'il avait grande et garnie de belles dents, s'ouvrait pour donner passage à un rire joyeux, signe de l'aménité de son caractère et de la sérénité de son âme.

Ce n'est pas sans émotion que je me rappelle les jours heureux de ma jeunesse, où il me fut donné de jouir des entretiens familiers de cet homme éminent. Soit qu'il cherchât à mettre à la portée de mon ignorance les problèmes scientifiques dont il était préoccupé, soit qu'il me prodiguât des conseils pour aller chercher l'histoire dans ses sources et pour l'écrire sans ornements superflus, sa conversation prenait toujours la pente d'un enseignement pratique appuyé sur des exemples bien choisis. La culture intellectuelle ne l'occupait pas tout entier; la vie morale était aussi l'objet de ses méditations, et l'on trouvera dans ses papiers, sous le titre de *Moralia*, ses réflexions sur des pensées empruntées aux principaux philosophes de l'antiquité et des temps modernes. Le commerce de ces grands esprits et son expérience personnelle l'avaient doué d'une perspicacité qui savait aller au fond des choses sans se payer de belles paroles. Néanmoins sa confiance avait pu être surprise par l'intrigue ou par les faux dehors; il s'en était aperçu sans que fût ébranlée en lui la conviction qu'il faut faire le bien pour le bien. N'ayant pas toujours sujet d'estimer les hommes, il se sentait tenu de les aimer, ou du moins de les servir, et dans la situation particulière que lui faisait sa grande fortune, il s'était tracé à son usage privé des règles de conduite consignées sur un livret connu de lui seul, et dont le titre énigmatique D. D. R., signifiait *Devoirs des riches*. Sa vie entière a suffisamment montré comment il comprenait et pratiquait ces devoirs.

A vingt ans le duc de Luynes avait été marié à la fille du marquis de Dauvet, laquelle mourut toute jeune en 1824, lui laissant un fils unique au berceau. La même année il perdit son frère puîné, Pol de Chevreuse, jeune homme doux et pieux qui promettait beaucoup et dont le souvenir lui resta toujours cher. C'est alors qu'il chercha dans l'étude une diversion à ses chagrins, un frein à l'ardeur concentrée de son caractère qui était encore impétueux [1], et comme

---

[1] M. de Luynes s'est peint lui-même tel qu'il était dans sa

une défense contre les séductions de tout genre que son rang et sa richesse devaient naturellement faire naître sous ses pas. A partir de cette époque il se mit à travailler régulièrement et sans relâche, rectifiant et complétant le savoir médiocre qu'il devait aux leçons d'un précepteur instruit, mais étroit et dur. On peut dire qu'au sortir de la rude éducation qu'il avait reçue, il s'était formé lui-même par un effort puissant de sa volonté, par un sentiment très-haut de sa dignité personnelle. Il avait d'abord achevé ses études classiques, puis épuré son goût dans une première excursion en Italie; plus tard il se familiarisa avec les bonnes méthodes et les procédés de la saine critique, et même parvenu à la maturité de l'âge il voulut joindre à la connaissance des langues de l'Europe celle des langues de l'Orient. Pendant longtemps il ne s'accorda comme distractions que quelques voyages qui avaient toujours un but utile et scientifique. La fin subite et prématurée de son fils, qui lui fut enlevé le 9 janvier 1854, à peine âgé de trente ans [1], ne l'arracha que momentanément à ses études. M. de Luynes plia sous le choc, mais n'en fut pas terrassé.

jeunesse, en quelques lignes où il parle aussi de son éducation, qui avait été, dit-il, *nécessairement rigoureuse*. Voir l'intéressante notice qu'il a écrite sur la duchesse de Luynes, sa grand'mère, et qui a été publiée par M. Martial Delpit dans le journal *l'Union* du 4 mars 1868.

[1] Le jeune duc de Chevreuse, entraîné par un impérieux besoin de mouvement vers tous les exercices du corps, s'y livrait avec passion, peut-être avec excès, et l'on peut attribuer sa mort aux suites d'une chute terrible qu'il avait faite l'an-

Il lui restait trois petits-enfants pour relever sa maison, une belle-fille, modèle de vertu et prête à tous les dévouements, une noble compagne qu'il avait associée à sa vie depuis 1846, Adèle Amys du Ponceau, veuve du vicomte de Contades[1]. Les éléments d'un bonheur domestique resserré par les liens les plus étroits de la famille ne lui faisaient donc point défaut. Mais bientôt de nouveaux coups vinrent le frapper au cœur, et en se succédant presque sans trêve brisèrent à la longue son énergie intellectuelle et son courage.

La mort de sa seconde femme marque en effet dans la vie du duc de Luynes la période d'affaissement, celle des amers regrets et du deuil éternel. Elle ouvre cette série de pertes cruelles qui vont l'atteindre successivement dans ses relations d'amitié et dans ses affections les plus intimes. L'épouse qui lui était ravie méritait bien d'être longuement pleurée. Simple dans ses goûts, à la fois digne et affable, avec une solidité d'esprit qui n'excluait ni la grâce ni l'enjouement, madame de Luynes s'était soumise sans peine aux habitudes sérieuses de son mari; elle savait s'intéresser à ses travaux comme elle prenait une part active à ses bonnes œuvres. Pour être plus à lui elle

---

née précédente. Par contraste avec cette hardiesse il avait une grande défiance de lui-même; il lui aurait fallu être constamment soutenu et encouragé pour donner l'essor à une instruction qui ne manquait ni d'étendue ni de variété.

[1] Madame de Contades était la mère de la duchesse de Chevreuse. En se remariant au duc de Luynes, elle devint ainsi doublement la belle-mère de son gendre.

appartenait moins à ce monde choisi où elle aurait pu continuer de briller au premier rang. Aussi quel déchirement quand il la perdit! Il essaya d'abord de ne pas trop se replier sur lui-même : « Je savais bien, écrit-il le 1er août 1861, quelques jours après la catastrophe, je savais bien la part que vous prendriez à ma peine, et je vous remercie de l'expression de votre sympathie. Si le malheur qui m'accable permettait quelque consolation, je la trouverais dans les témoignages touchants d'intérêt que je reçois de mes amis. » Mais six semaines après la plaie est devenue plus profonde et plus douloureuse. Il se laisse aller davantage à son chagrin, et l'accent est déjà celui d'un homme qui ne veut plus être consolé : « Je vous remercie bien de votre intérêt pour ma santé, dit-il à la même personne (17 septembre); mais ne dois-je pas craindre de voir se prolonger des peines morales bien plus cruelles que les douleurs physiques, et qui ne laissent à la vie qu'un intolérable découragement? »

Le souvenir de cette femme incomparable, qui lui avait donné quatorze ans de bonheur, ne quitta plus un seul instant sa pensée; quand il était à Dampierre il allait chaque jour déposer sur le tombeau de la chère défunte des fleurs cueillies de ses mains. Non content de ce soin pieux, il voulut lui rendre avec son cœur un suprême témoignage en retraçant pour l'instruction de ses petits-enfants la figure morale de l'aïeule qu'ils n'avaient pas assez connue ou qu'ils pouvaient oublier trop vite. Si les traits physiques de la duchesse de Luynes revivent dans le beau portrait de M. Léon Cogniet, sa physionomie idéale resplendit dans les pages éloquentes que son mari a consacrées à sa mémoire et que sa famille seule doit connaître. Il y a des amours vrais sur qui le temps n'a pas de prise et dont on veut vivre quand ils sont brisés jusqu'à ce qu'on en meure.

A partir de ce moment M. de Luynes se désintéresse peu à peu des études qui avaient eu pour lui tant de charme et qui avaient fait sa gloire. La tristesse l'envahit sans altérer sa bienveillance naturelle. Il s'abandonne plus volontiers à l'attendrissement, mais refuse de s'ouvrir aux longs projets et aux douces espérances. Le sentiment de la mort est toujours en lui, car il voit la mort frapper et menacer autour de lui. La note mélancolique, presque funèbre, vibre douloureusement dans sa correspondance de cette époque. Je prends au hasard une de ses lettres du 26 mai 1863, et j'y lis : « Nous venons de perdre un de mes petits beaux-fils de Contades. Le père et la pauvre mère, si frêle et si chancelante dans sa santé, en sont au désespoir. C'est encore un deuil à ajouter à ceux que nous porterons au moment même de la noce de ma petite-fille, Marie de Chevreuse, avec le marquis de Sabran-Pontevès. Ce mariage aura lieu le 3 du mois prochain... J'ai profité de quelques jours de répit pour venir dans la solitude de Dampierre avec M. G..., assez souffrant, et M. D..., profondément affecté de la mort de son frère aîné. Madame de Chevreuse se partage entre les soins qu'elle donne à sa pauvre belle-sœur et les préparatifs du bonheur de sa fille, *sur lequel nous osons compter malgré les tristes auspices qui pourraient nous effrayer.* Mais je vous demande pardon de toutes ces choses dont je noircis involontairement notre correspondance. Ce n'est pas pour rien que Virgile a dit : *Tristisque senectus.* » Hélas! ce funeste pressentiment d'un nouveau malheur possible quand la vie s'annonçait si belle pour la jeune mariée, ne devait que trop tôt se réaliser. Deux ans et quelques mois à peine s'écoulent, et la marquise de Sabran est enlevée par un mal foudroyant des bras d'une mère désolée et d'un mari qui l'adorait. Le duc de Luynes aimait d'une affection profonde cette enfant qu'il avait vue grandir sous ses yeux; il savait tout ce qu'elle valait par sa bonté, sa douceur et la rare culture de son esprit. Ce qu'il éprouve à ce nouveau coup du sort, il le rend avec une émotion navrante : « Veuillez bien recevoir tous mes remercîments pour la nouvelle preuve de sympathie que vous nous donnez à l'occasion du triste événement qui vient de nous mettre dans le deuil et dans la douleur. Il est bien cruel en effet de voir ainsi disparaître ceux que la nature destinait à nous survivre, surtout lorsque leurs qualités et leurs débuts faisaient augurer *qu'ils seraient utiles et de bon exemple.* Nous espérions tout cela de ma chère petite-fille : c'est elle comme toujours qui nous est ravie [1]. » Un peu plus tard il re-

---

[1] Lettre du 29 novembre 1865.

vient sur ce sujet pénible, il ne pense plus que pour regretter, et il n'y a pas d'éclaircie dans son horizon : « Madame de Chevreuse et moi sommes bien reconnaissants de l'intérêt que vous nous témoignez en toute circonstance, et surtout lorsque nous sommes le plus cruellement éprouvés. Nous pouvons à peine nous persuader qu'il y a seulement deux mois aujourd'hui (15 janvier 1866) ma petite-fille était rayée du nombre des vivants dans la fleur de sa jeunesse, de ses agréments et de son bonheur si mérité par ses vertus. Permettez-moi de vous souhaiter d'échapper à de si grands chagrins. » Et ce n'était pas là une simple formule de politesse; son malheur ne l'absorbait jamais assez pour l'empêcher de songer aux autres.

La douleur, au contraire, ne faisait que l'exciter à se dévouer pour eux. On en vit une preuve éclatante quand le choléra en 1866 désola le département de la Somme, et en particulier Amiens et ses environs. M. de Luynes courut là où était le danger, et lutta de sa personne contre le fléau, pendant qu'il veillait de loin pour en prévenir ou en arrêter l'invasion dans la ville qu'il habitait l'hiver en Provence. Dans ses propriétés de Picardie, surtout à Auxy-le-Château où le mal faisait le plus de victimes, on le vit durant un mois prodiguer à chacun les secours, les consolations et les soins. Un seul trait peut servir à peindre sa charité. Il apprend que dans une chaumière isolée une pauvre femme gît malade et abandonnée. Il s'y rend et s'y attarde. Son régisseur, inquiet de son absence, se met à sa recherche, et le retrouve auprès du lit funèbre. « Retirez-vous, lui dit le duc, vous n'avez rien à faire ici. » Mais un rapide coup d'œil avait suffi pour apercevoir le noble garde-malade occupé à écarter avec son mouchoir les mouches qui s'acharnaient déjà sur le visage livide de la mourante.

Tel fut le duc de Luynes dans la vie privée : maître de ses passions, ou plutôt n'ayant connu qu'une passion, celle du travail; simple dans ses goûts et dépourvu de toute vanité, sévère pour lui-même plus que pour autrui, compatissant à toutes les misères non méritées, doux et enjoué avec ses amis, chef de famille affectueux et digne, époux et père éprouvé par la douleur sans en être aigri jusqu'à l'amertume. Réunissant toutes les conditions qui donnent ordinairement le bonheur, et cherchant son plaisir dans les véritables biens, il eut pourtant plus de tristesses que de joies, car ayant beaucoup aimé, il a encore plus souffert. Mais on n'est homme qu'à ce prix, et rien de ce qui est humain ne lui fut étranger.

II.

Le goût des arts du dessin et le sens qu'il faut pour en bien juger, se manifestèrent de très-bonne heure chez M. de Luynes. Aussi fut-il nommé dès 1825 directeur adjoint du musée Charles X au Louvre. Le directeur des beaux-arts était alors le vicomte Sosthène de la Rochefoucauld, son parent.

Ce fut son début dans la vie publique ; mais il garda peu de temps cette place, ayant donné sa démission dès que le nouveau musée eut été organisé par ses soins. Il fit alors, à des époques rapprochées l'une de l'autre, en 1825 et 1828, deux nouveaux voyages en Italie, afin de compléter son instruction sur ce point par l'étude des monuments et des chefs-d'œuvre de l'antiquité. Les ruines de la Grande Grèce l'attiraient surtout, et ce fut dans le second de ces voyages qu'il entreprit avec son ami M. Debacq, habile architecte, les fouilles de Métaponte, malheureusement interrompues par une crue subite des cours d'eau. Déjà il s'était fait connaître par plusieurs dissertations insérées dans les Annales de l'Institut archéologique de Rome, et en 1830 les portes de l'Académie des inscriptions et belles-lettres s'ouvrirent devant lui. Il y fut élu membre libre, en remplacement de Schweighæuser. Nul mieux que le duc de Luynes ne remplissait les conditions de l'honorariat académique, et nul n'en comprit mieux les devoirs. Satisfait de cette haute distinction, il résista aux instances de ses confrères, qui auraient voulu se l'attacher par des liens encore plus étroits. « La place d'académicien titulaire, disait-il modestement, appartient aux savants de profession qui en ont fait le but de leur vie ; pour les jeunes, c'est un encouragement souvent nécessaire ; pour les vieux, c'est une récompense toujours opportune. » Il refusa même de se laisser mettre sur les rangs pour l'Académie des beaux-arts, où sa place semblait également marquée, par la raison qu'il avait déjà de la peine à remplir ses obligations envers l'Académie qui la première l'avait honoré de ses suffrages.

Après la révolution de Juillet, M. de Luynes se tint à l'écart, et le duc de Chevreuse, son père, ayant renoncé à la pairie, il ne voulut pas user plus tard pour lui-même de la faculté qu'il avait de reprendre un siége à la Chambre des pairs en prêtant serment. Ce fut seulement en 1836 qu'il entra dans l'administration comme membre du conseil général de Seine-et-Oise, où il siégea sans interruption jusqu'aux événements de décembre 1851, c'est-à-dire durant seize ans. On peut dire sans exagération que dans l'exercice de ces fonctions il a rendu d'importants services. Travailleur infatigable, il était particulièrement chargé des rapports relatifs aux questions de viabilité, et il y apportait le sens pratique, l'esprit d'ordre, l'examen scrupuleux qu'exige le bon emploi des deniers publics. L'instruction populaire, l'assistance aux pauvres, étaient aussi l'objet de ses soins assidus. Non content de payer de sa personne dans les délibérations du conseil, il intervenait de sa bourse dans les dépenses à faire, et pendant comme après sa carrière administrative, le pays où il faisait sa résidence habituelle reçut de lui de nombreux bienfaits. Créations d'écoles [1], subventions aux instituteurs, constructions de mairies et de presbytères, dotations aux bureaux de bienfaisance, érection du grand hospice

---

[1] Notamment à Dampierre, à Senlisse, à Lévy-Saint-Nom. L'école des garçons de Dampierre était gratuite, en vertu d'une fondation du duc de Chevreuse, père du duc de Luynes.

cantonal de Chevreuse (1853), ouvertures et rectifications de routes[1], établissement de prix pour les comices agricoles[2], tels sont les principaux services dus à son initiative personnelle. Prêt à s'enquérir de tous les besoins, il se plaisait à discerner chez des enfants de village l'aptitude naturelle et la précocité de l'intelligence, et il les dirigeait dans la voie des professions libérales, les poussant même jusqu'à l'École centrale et à l'École polytechnique. Très-ordonné et très-délicat dans sa bienfaisance, M. de Luynes aimait que l'aumône prît la forme de la rémunération d'un travail; soit qu'il ouvrît personnellement la main, soit qu'il concourût aux œuvres charitables de sa femme et de sa belle-fille, il savait mesurer ses dons à la nature des misères et aux moyens pratiques d'y remédier. Je pourrais m'étendre longuement sur ce sujet. Mais la bienfaisance a aussi

---

[1] Descente de la côte de Dampierre, routes de Senlisse à la Barre, de l'étang du Grand-Moulin aux Pucelles, de Maincourt aux Essarts, etc.

[2] Nous avons sous les yeux un beau médaillon de bronze destiné à rappeler que le duc de Luynes rétablit en 1850 le prix de moralité qui devait être décerné annuellement dans les comices agricoles de Seine-et-Oise. Cette pièce, frappée en 1857, porte au droit, dans un cercle de grenetis, la figure de l'Agriculture, et au revers le nom du lauréat encadré d'une couronne de fruits, d'épis et de feuillages. L'Agriculture est figurée par une tête de jeune paysanne coiffée du mouchoir noué en forme de *marmotte*, avec une faucille et des épis sur l'épaule droite. Cette tête, dont le dessin est de M. de Luynes, a un caractère de dignité rustique et une fermeté d'accent qui dénotent une grande sûreté de goût et de touche.

sa pudeur qu'il faut savoir respecter; l'ombre ne lui messied pas, et ce serait dépasser la limite permise que d'entrer trop avant dans le détail des bonnes actions du duc de Luynes.

Aussitôt après la révolution de février 1848 et l'établissement du suffrage universel, il s'empressa de quitter Rome où il avait passé l'hiver, et rentra en France non sans difficultés, pour faire acte de présence et remplir les devoirs auxquels il pensait pouvoir être obligé par sa position. Sans avoir eu besoin de faire aucune profession de foi, il fut nommé député à l'Assemblée nationale constituante par plus de soixante mille voix, et il fut réélu à la Législative par un nombre de voix à peu près égal. La considération personnelle dont il jouissait et son influence territoriale expliquent ces choix spontanés, mais qui n'avaient rien d'irréfléchi, car M. de Luynes avait assez prouvé d'ailleurs qu'il possédait l'intelligence des choses de son temps et qu'il avait accepté les transformations nécessaires de la société moderne. S'il eût vécu en 1789, il se fût associé au grand mouvement de réforme auquel les Montmorency, les Noailles, les la Rochefoucauld-Liancourt et son propre grand-père avaient pris une part si considérable. Ses parents n'ayant point émigré[1], il n'avait conservé

---

[1] Je suis encore obligé de relever ici une assertion du biographe auquel j'ai fait allusion plus haut. Il dit que la fortune de la famille de Luynes n'échappa aux spoliations révolutionnaires que parce que ses fermiers achetèrent tous ses biens vendus nationalement, et les restituèrent à prix coûtant

aucune attache aux préjugés et aux rancunes de l'ancien régime, et n'était pas du nombre de ces royalistes dont on a pu dire qu'ils n'avaient rien appris ni rien oublié. Élevé par une grand'mère d'une raison virile et qui partageait les idées du dix-huitième siècle, il s'indignait encore contre les courtisans dont l'aveuglement avait précipité dans l'abîme l'antique royauté, et il ne pouvait parler sans amertume des ordonnances de Juillet, qui avaient perdu la nouvelle. Monarchique par tradition, mais libéral par principes, et dégagé de toute préoccupation autoritaire ou dogmatique, il comprenait la politique comme la science du gouvernement par l'honnêteté sans arrière-pensée d'influence ou d'ambition personnelle; de même qu'il pratiquait la morale comme la science du devoir social par la justice, sans attendre ou désirer d'autre récompense que l'approbation intérieure. Il n'aliénait rien de sa liberté, en se maintenant sur le terrain neutre des institutions républicaines, et le respect du pacte établi était sa règle suprême.

Dans un court mais substantiel aperçu sur le caractère et le rôle du duc de Luynes, un de ses meilleurs biographes apprécie en ces termes son attitude politique : « Il n'aimait ni à se ranger sous la discipline

au légitime propriétaire lors du retour des Bourbons. Or, le duc et la duchesse de Luynes n'émigrèrent pas, il n'y eut point de confiscation, par conséquent point de vente, ni de rachat de leurs biens. Mais leurs revenus furent très-diminués, comme toutes les fortunes d'alors; ils furent mis en prison, et ne durent la vie qu'à la révolution de thermidor.

d'un parti, ni à soumettre son opinion à une autre autorité que celle de sa conscience, ni à suivre les combinaisons nécessaires de la politique journalière et militante. Aussi prit-il moins de part aux luttes intérieures des assemblées qu'aux travaux parlementaires auxquels ses études spéciales l'avaient préparé, et qui intéressaient les arts et l'industrie du pays [1]. » Ce fut bien là en effet le sens de ses votes et la part de concours qu'il donna à la politique active pendant quatre années. Quoiqu'il votât le plus habituellement avec la droite, notamment quand il s'associa le 31 mai 1850 à l'adoption du projet de loi qui modifiait la loi électorale du 15 mars 1848, il se sépara d'elle néanmoins en deux autres circonstances mémorables. Le 27 septembre 1848 il se prononça contre l'amendement de MM. Duvergier de Hauranne, Creton et Rouher, lequel avait pour but de déléguer le pouvoir législatif à deux assemblées distinctes, et le 17 novembre 1851 il s'opposa à la prise en considération de la proposition des questeurs relative au droit conféré au président de l'Assemblée nationale de requérir la force armée. Il parut rarement à la tribune, étant moins fait que personne pour affronter et dominer les passions d'une époque si agitée. Mais il travailla beaucoup dans les commissions, soit comme vice-président au comité de l'intérieur, soit comme président de la commission chargée de répartir les secours aux gens de lettres. Il fut chargé spécialement de

---

[1] Article de M. le comte de Vogüé dans le *Correspondant* du 25 décembre 1867.

deux rapports sur des questions qui étaient de sa compétence. Le gouvernement avait présenté une demande de crédit pour l'achèvement du tombeau de l'empereur Napoléon aux Invalides; M. de Luynes, au nom de la commission, eut à exprimer des critiques sévères sur la manière dont les premiers travaux, remontant à 1841, avaient été conduits au double point de vue du bon goût et de l'économie. Le projet de loi ayant été retiré dans la séance du 7 décembre 1849, au moment où le rapport qui se terminait par un contre-projet allait être déposé sur le bureau de la Chambre, ce travail, rédigé après l'enquête la plus exacte, ne figure point au *Moniteur*. Mais on le trouve imprimé à part, et quoique l'auteur, par ménagement pour les personnes, ait évité de le répandre, il ne regretta jamais d'avoir soutenu ce qu'il considérait comme les vrais principes en matière de bâtiments publics. Je ne rappellerai pas les détails de chiffres qui avaient pour objet d'établir les variations des plans et des devis, les fantaisies coûteuses de l'architecte et les vices d'une comptabilité irrégulière. Je citerai seulement deux passages qu'il serait bon de méditer en tout temps. « Si l'on recherche, disait-il, quelle a pu être la cause de semblables variations dans les demandes de crédits et celle de leurs augmentations graduelles, on la trouve dans les précédents de l'administration, trop habituée à compter sur l'indulgence des assemblées délibérantes et à dépasser les crédits sans mesure, sauf à faire voter plus tard les ressources nécessaires pour réparer de semblables infractions. » Et plus loin le rapporteur ajoutait avec une émotion pleine de dignité : « L'Assemblée nationale voudra mettre un terme aux abus commis dans toutes les branches du service; elle voudra surtout arrêter par une inflexible sévérité les largesses fastueuses, les travaux inutilement grandioses que l'administration serait coupable de proposer aux assemblées délibérantes, et encore plus de tolérer ou d'encourager contre le vœu formel de la loi. La France a voulu, dans une mesure honorable, mais définie, rendre hommage à la mémoire d'un grand homme, et il n'appartient, il n'appartiendra à personne de prétendre comprendre mieux qu'elle ce qu'il convient de faire pour atteindre ce noble but. »

L'autre rapport de M. de Luynes eut une meilleure fortune, mais il est beaucoup moins étendu et moins important. Il s'agissait aussi de la demande d'un crédit extraordinaire applicable aux travaux d'usine de la manufacture de Sèvres. La commission trouva que les devis de dépenses étaient justifiés par les besoins réels de cet établissement national, et le rapporteur, en concluant à l'adoption du projet de loi, n'eut pas de peine à démontrer qu'il était convenable à la réputation de notre industrie et utile à ses progrès de rétablir à Sèvres la fabrication de la porcelaine tendre et des émaux. Ce document a été inséré au *Moniteur* comme addition à la séance du 11 juillet 1850.

Le 15 mai 1848, quand l'Assemblée était envahie par une foule égarée, le représentant de Seine-et-Oise était resté ferme à son banc au milieu du trouble universel. Durant les funestes journées de juin, le bataillon de la garde nationale de Chevreuse, amené par son fils, arriva à Paris l'un des premiers, et fut suivi le lendemain par le bataillon de Dampierre, dont le duc était le commandant et qu'il avait, sous le règne de Louis-Philippe, équipé à ses frais. Il se mit à sa tête et s'engagea dans les quartiers où l'insurrection avait le plus d'adhérents. Ayant reçu l'ordre d'aller à la place Maubert, il y courut le danger d'être enveloppé avec sa petite troupe, quand un renfort envoyé par le général Négrier vint à propos le délivrer. Mais s'il n'hésitait pas à montrer de l'énergie contre une rébellion coupable, il savait aussi compatir aux misères et aux souffrances qui avaient exaspéré tant de malheureux. Le 23 juillet de cette même année 1848, une cérémonie touchante avait lieu dans l'église des Quinze-Vingts. A la suite d'une messe célébrée en présence des ouvrières du quartier, deux jeunes filles vêtues de blanc s'approchèrent de l'un des assistants et lui remirent une médaille d'argent portant cette double inscription : *A M. d'Albert de Luynes, représentant du peuple, les femmes du faubourg Saint-Antoine reconnaissantes. — Vingt familles sauvées. Du travail assuré à douze cents femmes.* Pour accomplir cette fondation philanthropique, M. de Luynes, réduit à une gêne momentanée que les circonstances expliquent, avait fait fondre son argenterie et avait emprunté à l'un de ses serviteurs. Aussi en remettant cette médaille à sa femme, qui était de moitié dans le bienfait, voulait-il qu'elle conservât la trace d'un sacrifice domestique noblement accepté par elle dans un intérêt d'humanité. Mais à un autre point de vue il aurait pu déposer ce souvenir parmi tous les trésors que le goût des arts et l'amour de la science avaient rassemblés dans son cabinet. La simple médaille votée par la gratitude du peuple au descendant d'une famille historique aurait figuré sans désavantage à côté des élégances et des superfluités de l'ancienne civilisation, car ce devrait être le propre de la civilisation moderne que la plus belle œuvre fût celle qui ressemblât le plus à une bonne action.

Le soir de cette journée, qui comptera dans la vie publique du duc de Luynes, l'aumônier des Quinze-Vingts adressa à son auditoire un discours de circonstance, et put à bon droit s'appuyer sur cet exemple pour répondre à un texte de déclamations alors fort en vogue : *A quoi servent les riches?* Il eut soin de faire remarquer que M. de Luynes n'avait pas obéi à la pression des événements et n'avait pas eu à sortir de ses habitudes. En effet, même à cette époque, les nécessités de la politique n'eurent qu'une influence secondaire sur sa bienfaisance. Différent en cela de beaucoup d'hommes d'étude qui, préoccupés de leurs travaux théoriques, n'accordent souvent qu'une sympathie distraite aux misères du monde extérieur, il sut toujours allier les œuvres de la philanthropie pratique aux savantes spéculations de la pensée. Quand les devoirs d'une haute position sociale sont ainsi entendus, quand l'idée traditionnelle des obligations de la vraie noblesse s'unit si bien à l'intelligence des besoins nouveaux, la richesse en de pareilles mains porte avec elle un enseignement qui influe sur la moralité publique. L'État a pour fonction supérieure de protéger le travail, de développer l'instruction, d'encourager les grands ouvrages en tout genre; mais l'État ne peut tout faire, et l'on s'habitue trop à s'en remettre à lui. Il est donc bon de voir un simple citoyen prendre sur soi une partie de cette charge, dans la mesure de sa bonne volonté et de ses ressources, et apporter à l'État le concours d'une initiative éclairée. Cette initiative individuelle dont les encouragements font encore défaut aux travaux utiles et sérieux, aurait besoin de se multiplier pour faire triompher le principe de la séparation de la littérature et de l'État dans un pays libre. Si d'ailleurs un pareil exemple avait beaucoup d'imitateurs, combien serait amoindrie l'action dissolvante des intérêts frivoles et égoïstes! M. de Longpérier semble s'être placé au même point de vue quand il a dit fort éloquemment : « La vie de M. de Luynes était, de notre temps, comme un élément d'union générale et d'accord. Il réconciliait par sa charité la misère avec la fortune; il faisait accepter parmi les démocrates une haute naissance que lui-même il ne comptait qu'après le travail, et dans le monde qui l'entourait, il enseignait à quel point est incontestée la noblesse que confère une profonde culture intellectuelle. »

Le coup d'État du 2 décembre mit fin à la carrière politique du duc de Luynes. Tout le monde sait comment il crut de son devoir de se rendre avec un grand nombre de ses collègues à la mairie du dixième arrondissement, comment il y fut arrêté et détenu pendant deux jours au fort du mont Valérien. En rentrant dans la retraite il donna sa démission des fonctions purement honorifiques qu'il avait remplies jusque-là comme conseiller général de Seine-et-Oise, comme membre du conseil de surveillance de l'assistance publique, comme président du Comité historique des arts et monuments. Sans avoir désiré la république, il l'avait acceptée franchement, et il aurait vu sans regret les institutions nouvelles se consolider en France. Les sages résolutions adoptées par les deux Assemblées constituante et législative lui avaient appris que la liberté peut se corriger par elle-même de ses propres excès, et quant aux personnes, son estime était acquise à toutes les convictions honnêtes et sincères. Le célèbre Lagrange et d'autres représentants d'une opinion très-avancée professaient la plus grande sympathie pour son caractère, et le duc, de son côté, ouvrit souvent une main discrète pour venir en aide à quelques-uns de ses anciens collègues de la gauche que l'orage de 1851 avait emportés ou rejetés loin de leur patrie.

Tout en se tenant désormais en dehors de la politique, M. de Luynes n'entendait pas renoncer à la mission d'intérêt général qu'il s'était spontanément donnée. Les encouragements qu'il continua de fournir aux sciences, aux lettres et aux arts, sans acception des personnes et des opinions, trouveront leur place dans les pages suivantes. Mais avant d'aborder ce sujet, je ne puis passer sous silence un fait qui, bien que destiné à rester dans l'ombre de la vie privée, a eu trop de retentissement pour ne pas être porté au compte de la vie publique du duc de Luynes. L'offre d'une somme considérable qu'il mit en 1864 à la disposition de M. le comte de Chambord, et qu'il eut le bonheur de faire agréer, n'a rien de contradictoire avec les principes qu'il avait soutenus en 1848. En conservant l'indépendance de ses opinions, il n'avait jamais abdiqué ses traditions de famille. Avec sa loyauté scrupuleuse il se considérait comme le dépositaire des biens que le connétable de Luynes avait reçus de la munificence du roi de France, et ce n'était pas au moment où le souffle des révolutions venait de renverser les Bourbons en Italie qu'il eût manqué à la royale infortune du chef de cette maison exilé comme eux. Quand le descendant de Louis XIII se trouva engagé dans des difficultés qu'il consentait noblement à prendre sur son compte, le petit-fils du connétable pensa que l'abandon même de toute sa fortune n'était pas trop pour acquitter la dette contractée par son aïeul. Si l'on eût été tenté de lui objecter que cette histoire était bien ancienne, il eût répondu par ce mot décisif qu'on nous signale dans sa correspondance et qu'on nous permet de citer : « La reconnaissance ne se prescrit point. » Le duc de Luynes était alors en Syrie; il confia à sa belle-fille le soin d'une négociation délicate qu'il ne pouvait remettre en de meilleures mains. Ce fut entre le prince exilé et le serviteur fidèle aux souvenirs un assaut de générosité dont la discrète intermédiaire possède seule le secret. La somme offerte à titre de don gratuit n'a-t-elle été acceptée que comme un emprunt remboursable? C'est ce qu'il n'est guère permis de savoir et ce qu'en tout cas il conviendrait peu de dire. Mais l'usage si louable auquel cet argent était destiné n'a été un mystère pour personne; personne n'a eu le droit de s'étonner ni de prendre ombrage d'un témoignage de sympathie respectueusement donné ni d'un consentement obtenu comme une grâce. Ces grâces-là n'ont rien de compromettant; elles honorent celui qui les sollicite; elles rehaussent encore celui qui les accorde.

III.

L'aptitude aux travaux scientifiques et littéraires n'était pas chose nouvelle dans la famille de Luynes. De ce côté il y avait aussi pour son illustre représentant une tradition et des exemples à suivre. Le fils du connétable, *le bon duc*, comme on l'appelait, né en 1620, mort en 1690, avait été l'hôte, l'ami et le collaborateur des solitaires de Port-Royal. Il avait donné une traduction en français des *Méditations* de Descartes; la plupart des traités de piété traduits des Pères et publiés sous le nom du sieur de Laval, sont également de lui. Vint ensuite ce duc de Chevreuse, élève de Lancelot avant de passer à Fénelon, et qui fut vers 1711 comme un ministre d'État sans portefeuille, esprit fertile en projets, toujours prêt à disserter savamment sur les matières les plus ardues d'administration et de finances. Le fils de celui-ci, Charles-Philippe d'Albert, duc de Luynes, mort en 1758, a laissé sur le règne de Louis XV d'intéressants et volumineux Mémoires publiés récemment par MM. Dussieux et Soulié [1]. Un autre membre de la famille, Ferdinand d'Albert d'Ailly, duc de Chaulnes, mort en 1769, contribua par ses encouragements au progrès des sciences mathématiques et naturelles, qu'il cultivait personnellement avec distinction. La grand'mère du dernier duc avait aussi des goûts studieux. Pendant la Révolution elle imprimait elle-même à Dampierre divers opuscules politiques et les traductions qu'elle avait faites des meilleurs ouvrages de Swift, d'Addison et de Daniel de Foë.

S'il fut donné à M. de Luynes de surpasser par l'étendue et la variété de ses connaissances les modèles qu'il rencontrait parmi ses aïeux, on doit reconnaître que les circonstances lui firent plus de loisirs en le tenant en dehors des grandes fonctions politiques ou militaires, et que l'esprit de la société nouvelle aida, dans un milieu moins exclusif que par le passé, au développement de ses facultés naturelles.

---

[1] Ces Mémoires commencent à la fin de 1735 au moment où la duchesse de Luynes venait d'être nommée dame d'honneur de la reine Marie Leczinska, et s'arrêtent au mois d'octobre 1758, quinze jours avant la mort du duc de Luynes. Il ne cessa d'écrire qu'au moment de cesser de vivre.

Sans doute l'histoire et les études qui s'y rattachent directement, l'archéologie, la numismatique, la philologie, ont occupé, comme on le verra, la plus grande place dans la vie littéraire du duc de Luynes. Mais il nous semble à propos de parler d'abord du penchant qui l'entraînait vers les sciences physiques, notamment vers la chimie et la minéralogie; car son application aux sciences exactes n'a pas médiocrement contribué à lui donner cette précision et cette rigueur de méthode qu'il portait dans toutes les choses de l'érudition.

Dès sa première jeunesse il avait suivi avec quelques amis les leçons de Barruel, et il avait pris part aux manipulations qui ajoutaient un intérêt alors tout nouveau aux cours de ce chimiste. Ce n'était point là une passagère curiosité. M. de Luynes ne pouvait se contenter d'effleurer seulement les sciences; il voulut y pénétrer assez avant pour être en état d'y faire quelque découverte utile, d'y introduire quelque perfectionnement pratique. Le laboratoire et le musée d'histoire naturelle qu'il établit à Dampierre devaient concourir à ce but.

En 1833 il publia, en collaboration avec le docteur Bouchardat, un *Mémoire sur la panification de la fécule et de la pomme de terre*. Mais cet essai ne paraît pas avoir donné des résultats capables d'influer sur les habitudes de l'alimentation publique. Il dirigea alors ses efforts vers l'étude des combinaisons des métaux, et fit paraître dans les Comptes rendus de l'Académie des sciences des *Observations sur un minerai de cobalt et de manganèse trouvé à Orsay*, et dans les Annales des Mines une *Analyse du fer météorique de Grasse*. Il préludait ainsi à son important *Mémoire sur la fabrication de l'acier fondu et damassé*. Ce Mémoire était le résumé des procédés suivis par lui dans son laboratoire (traitement des métaux par la voie sèche), procédés qui lui avaient permis d'envoyer à l'Exposition de l'industrie en 1844 des produits aussi remarquables par leur solidité que par leur finesse. La beauté et la perfection de ses lames lui valurent à cette Exposition une médaille d'argent. Longtemps les connaisseurs ont pu admirer dans son cabinet de Paris, tendu de velours rouge, les armes fabriquées chez lui, qu'on y voyait suspendues à côté des cimeterres de Damas et d'Ispahan, et supportant sans désavantage cette comparaison redoutable. M. de Luynes était parvenu à dérober leur secret aux armuriers de l'Orient, secret qui lui avait coûté plusieurs années d'efforts, et qu'il livra avec sa libéralité ordinaire à l'industrie privée, notamment aux fabricants d'instruments de chirurgie. C'est ce qu'indique la modeste déclaration qu'il mit en tête de son Mémoire : « Ce travail, disait-il, résultat de longues recherches sur la fabrication de l'acier fondu, a été entrepris dans l'espoir de le voir servir un jour aux progrès de l'industrie française. L'auteur s'estimerait bien récompensé s'il avait pu réussir à jeter quelque lumière sur une question si importante. »

Le même désir de se rendre utile lui suggéra à diverses reprises l'idée d'extraire de quelques-unes de nos plantes indigènes, particulièrement du pelargonium et de l'isatis, la matière colorante qu'elles contiennent, de s'assurer si elles sont susceptibles de rivaliser avec l'indigo exotique, et de diminuer ainsi l'importance du tribut que nos fabriques sont obligées de payer à l'étranger. Mais ces essais n'ont pas produit des résultats assez concluants pour que M. de Luynes se soit décidé à faire cultiver ces plantes en grand et à poursuivre l'expérimentation de son procédé d'extraction à l'aide des puissants appareils employés dans nos manufactures de produits tinctoriaux. Il tourna aussi ses efforts vers une recherche qui devait sourire à un antiquaire tel que lui, celle de la composition chimique de l'enduit noir qui recouvre les vases peints appelés vulgairement vases étrusques, et il parvint à fabriquer des couvertes imitées assez habilement, et des vases, qu'il faisait cuire à la manufacture de Sèvres, assez bien réussis pour tromper des yeux même très-exercés. Néanmoins il acquit la conviction que la science moderne, avec toutes ses ressources, ne pouvait arriver sur ce point spécial de fabrication à l'uni et au fondu que les potiers de l'antiquité obtenaient sans peine en enfumant leurs vases par un procédé probablement très-primitif. La couverte des vases antiques a deux propriétés qui se trouvent toujours réunies : d'être magnétique et de n'être point attaquée par les acides, et c'est même là un moyen sûr de reconnaître les vases authentiques de ceux qui sont plus ou moins bien imités. M. de Luynes ne put obtenir à la fois cette double propriété; s'il réussissait d'un côté, il échouait de l'autre. Mais là encore il poursuivait un but d'utilité pratique. S'il l'eût atteint, il résolvait un problème d'intérêt général, celui de préserver la couverte des poteries domestiques où les populations pauvres préparent presque tous leurs aliments, de ces chances d'altération, dues à des sels malsains, qui sont en de certains cas une cause de véritable empoisonnement.

Je ne puis indiquer ici que les principales recherches scientifiques dont les résultats ont été ou rendus publics ou constatés par des communications verbales. M. de Luynes avait répété presque toutes les expériences indiquées dans le *Traité de chimie* de Berthier, pour lequel il avait une estime singulière, et un exemplaire de cet ouvrage, en permanence au laboratoire, portait des notes de la main même du duc. Mais, en outre, il s'était livré à une foule d'autres analyses qui ne sont point connues et qui attestent des travaux suivis. Comme il ne faisait rien à la légère, il avait pris soin de consigner toutes ses expériences de quelque valeur dans des registres qu'il tenait ou faisait tenir très-exactement. Un chimiste habile, M. A. Gérardin, qui travaillait sous ses auspices à Dampierre en 1861, a pu parcourir ces registres, et il a été si frappé de la bonne application des méthodes et de la justesse des calculs, qu'il pense que la publication de ces expériences inédites pourrait mettre sur la voie de découvertes intéressantes.

A côté du laboratoire se place le musée d'histoire naturelle, une des plus belles collections particulières en ce genre qu'on puisse voir en France. Lorsque le château de Dampierre fut restauré en 1841 par M. Duban, M. de Luynes fit en même temps disposer une partie de l'ancien château bâti par le cardinal de Lorraine, en vue d'y recevoir les collections qu'il commençait alors à former. Un savant modeste, M. Gory, qui avec M. Debacq vivait dans l'intimité du duc et est resté jusqu'à la fin en possession de sa confiance, donna son concours assidu à l'installation et aux agrandissements de ce musée. La zoologie n'y est guère représentée que par les mammifères et les oiseaux de Dampierre et des environs, ceux-ci avec les nids, les variétés et les espèces de passage, réunis et rapprochés de manière à fournir des spécimens complets de la faune locale. Mais la collection géologique embrasse la France entière et s'accroît tous les jours. La minéralogie principalement se distingue par la beauté et la rareté de beaucoup d'échantillons tirés de tous les pays, et par une suite très-nombreuse de pierres et de fers météoriques. On peut citer, par exemple, divers fragments des principales roches des Vosges, des produits volcaniques du Vésuve, de l'Etna et des montagnes d'Auvergne, des roches et des fossiles d'Égypte, des coquilles et des poissons du Nil, des coquilles vivantes et subfossiles ainsi que des madrépores de la mer Rouge. Quant à la paléontologie, les faunes d'Aix, d'Apt, de Sansan et les dépôts des cavernes sont représentés à Dampierre par des pièces vraiment remarquables, et les plus beaux ossements fossiles de Saint-Prest aux environs de Chartres, et de Figline dans le Val d'Arno, y ont été apportés. Ces ossements ont permis de constater sur deux points de l'Europe fort éloignés l'un de l'autre des restes abondants de l'espèce connue sous le nom d'*Elephas meridionalis*. Ainsi s'est trouvé réuni, par une série d'acquisitions d'une grande valeur, un ensemble de matériaux offrant un intérêt véritable pour l'étude de ces temps préhistoriques qui sont devenus aujourd'hui l'objet d'une si ardente curiosité.

Le duc de Luynes, si bien préparé par ses travaux de laboratoire et par ses connaissances en minéralogie, était donc plus apte que personne à donner un avis compétent sur l'industrie des métaux précieux, de même que son goût éclairé l'appelait à apprécier les applications des beaux-arts à ce même genre d'industrie. Aussi fut-il nommé président du vingt-troisième jury international à l'Exposition universelle de Londres en 1851, et dans un rapport très-approfondi fait à la Commission française, il exposa ses vues et ses jugements sur l'histoire et les progrès d'une fabrication qui tient une si grande place dans la civilisation de tous les temps. Ce rapport, qui n'a pas moins de deux cent soixante pages, est un traité complet sur la matière : métaux précieux en général, industries consacrées aux matières d'or et d'argent, droit de garantie considéré suivant les lois qui le régissent en France et dans les pays étrangers, monnaies, orfévrerie commune, orfévrerie d'art, statuaire en argent, orfévrerie d'imitation; bijouterie avec ses annexes, les émaux, la mosaïque, la nielle ; bijouterie fausse, bijouterie en acier poli, joaillerie, bronzes dorés et argentés, métaux précieux employés pour la fabrication des armes, observations sur l'emploi du platine, du palladium, de l'iridium, tels sont les sujets que M. de Luynes aborde successivement et qu'il traite en savant initié aux meilleurs procédés industriels, en érudit familier avec l'histoire des diverses écoles, en artiste capable de comparer et d'apprécier les belles œuvres avec un goût toujours sûr et délicat, enfin en économiste qui n'est pas étranger aux lois de la production et aux vrais intérêts du commerce. Ces mérites divers recommandent le *Rapport sur l'industrie des métaux précieux* non-seulement comme fournissant le tableau fidèle de l'ensemble des choses à un moment donné, mais aussi comme contenant des comparaisons intéressantes entre l'état passé et les perfectionnements relatifs de toutes les branches de cette brillante fabrication.

Une industrie d'un autre genre, qui pourtant se rattache par un côté à celle des métaux précieux, industrie modeste à ses débuts, mais appelée à un rapide et prodigieux développement, attira vers le même temps l'attention du duc de Luynes. C'était le moment où la photographie, s'élançant hors de son berceau, marchait vers des applications que Daguerre avait soupçonnées et que les deux Niepce avaient plus clairement entrevues. Juste appréciateur des services que la nouvelle découverte pouvait rendre à la science et aux beaux-arts, M. de Luynes s'éprit de la photographie avec la vivacité d'un amateur et le zèle raisonné d'un chimiste. Dans son trop court passage au Comité historique des arts et monuments, il communiqua à cette réunion savante les procédés alors tout nouveaux au moyen desquels les épreuves photographiques étaient obtenues directement sur papier. Ces procédés, découverts par M. Fox Talbot, et vulgarisés en France par M. Blanquart-Évrard, furent imprimés en 1849 dans le Bulletin du Comité avec des remarques où M. de Luynes indiquait une partie des modifications dont ce perfectionnement lui-même était déjà susceptible. Dix ans plus tard, à la suite d'essais qu'il avait dirigés dans son laboratoire, il présenta à la Société française de photographie une note sur des épreuves obtenues par un procédé nouveau au moyen du perchlorure d'or.

Mais ce qui le préoccupait surtout, c'était le moyen d'amener l'art du photographe au point de fournir à l'industrie des produits inaltérables et peu coûteux. Il avait reconnu en effet, comme l'a dit M. Davanne dans un rapport qui nous sert de guide[1], « qu'à la photographie seule appartient le mérite de la fidélité et de l'authenticité incontestables qui conviennent si bien aux recherches de la science; mais tout en rendant justice à la beauté et à la fraîcheur des épreuves

---

[1] Rapport de la commission chargée de décerner le prix de huit mille francs fondé par le duc de Luynes pour l'impression à l'encre grasse des épreuves photographiques, par M. A. Davanne. — Paris, Gauthier-Villars, 1867.

obtenues aux sels d'argent, il refusait cependant de confier à ces procédés trop éphémères la reproduction des travaux qu'il importait de transmettre aux âges futurs. Les résultats connus à cette époque, l'altération facile des épreuves positives ordinaires, ne justifiaient que trop ses craintes. Ajoutons que les prix relativement élevés d'images faites avec des métaux précieux s'opposaient à ce qu'elles pussent être facilement à la portée de tous ceux qui auraient intérêt à les consulter. L'expérience du passé prouvait, au contraire, que les impressions obtenues au moyen de l'encre mélangée de carbone résistaient à l'action du temps, l'inaltérabilité du carbone étant un des gages les plus certains de la solidité de ces impressions. D'autre part, la facilité du tirage permettait de répandre ces épreuves à un très-grand nombre d'exemplaires. Aussi M. le duc de Luynes, voulant réunir les avantages spéciaux de l'un et de l'autre procédé, institua un prix de 8,000 francs pour stimuler le zèle des inventeurs, et il choisit la Société française de photographie pour décerner ce prix à celui qui aurait résolu le problème de reproduire les images photographiques par les procédés de l'impression à l'encre grasse. »

Ces considérations furent développées avec l'autorité qui lui appartient par M. Regnault, membre de l'Institut, dans le programme qu'il rédigea et dont lecture fut donnée à la séance de la Société du 18 juillet 1856. Le concours devait être clos le 1er juillet 1859. En cette occasion, l'éminent chimiste annonça « qu'indépendamment de la fondation du prix de 8,000 francs, M. de Luynes mettait à la disposition de la Société une somme de 2,000 francs destinée à récompenser l'auteur ou les auteurs qui dans une période de deux années, c'est-à-dire jusqu'au 1er juillet 1858, auraient fait faire les progrès les plus importants au tirage des épreuves positives et à leur conservation, soit par la découverte de nouveaux procédés, soit par une étude complète des diverses actions chimiques et physiques qui interviennent dans les procédés employés ou qui influent sur l'altération des épreuves [1]. »

A la clôture de ce concours accessoire, M. de Luynes pensa qu'il y avait encore lieu de faire de nouveaux essais, et il désira que les deux mille francs fussent répartis à titre d'encouragement aux chercheurs les plus méritants. Cette somme fut distribuée par portions inégales à MM. Garnier et Salmon, Poitevin, Pouncy, pour les procédés nouveaux, à MM. Davanne et Girard pour l'amélioration des procédés anciens [2]. Le prix de 2,000 francs ainsi

---

[1] Rapport précité, page 5.
[2] Dans leur étude persévérante, faite complétement au point de vue chimique, MM. Davanne et Girard ont recherché les causes de l'altération des épreuves, les moyens de l'éviter et les meilleures conditions pour assurer la solidité des images photographiques obtenues par les moyens ordinaires. Les résultats de leurs recherches ont été d'améliorer considérablement le tirage par les sels d'or et d'argent, et de produire des épreuves d'une stabilité plus grande que par le passé, mais dont l'avenir seul peut faire connaître la durée.

remis au concours, finit par être décerné à M. Poitevin, dans la séance du 21 mars 1862, pour la production des épreuves positives aux poudres inaltérables, procédé qui, après plusieurs modifications, a pris un développement considérable entre les mains de M. Braun, et a permis de reproduire les plus beaux dessins des grands maîtres [1].

Quant au concours pour le prix principal, la commission nommée en 1859 distingua entre beaucoup de travaux ceux de MM. Nègre [2], Pretsch et Poitevin

---

[1] Si l'on mêle à la gélatine bichromatée une poudre colorante, soit le carbone, soit toute autre substance inerte, cette poudre restera emprisonnée dans les parties de gélatine devenues insolubles sous l'influence de la lumière, et elle s'en ira au lavage dans les parties non *insolubilisées*. Ainsi l'on pourra obtenir un dessin monochrome il est vrai, mais de telle couleur qu'on le voudra. Ce procédé est maintenant appliqué industriellement et en grand. M. Braun, de Dornach, dont les ateliers renferment déjà plus de huit mille clichés, a présenté à la dernière Exposition universelle de nombreux spécimens de toutes nuances, véritables *fac-simile* de dessins des grands maîtres aux crayons noir et rouge, à la sépia, à l'encre de Chine, etc. Ces reproductions témoignent de la perfection à laquelle il est possible d'arriver, car les photographies ainsi obtenues se distinguent difficilement des originaux. Quels progrès pourront faire les élèves de nos écoles de dessin quand ces modèles irréprochables, reproduits d'une manière inaltérable et à bas prix, seront mis entre leurs mains, au lieu des vulgaires lithographies qu'ils sont encore obligés de copier!

[2] M. Charles Nègre avait présenté à M. de Luynes et exposé publiquement des résultats très-remarquables obtenus par l'emploi du bitume de Judée, entre autres plusieurs belles planches de grande dimension de la cathédrale de Chartres. Aussi M. de Luynes lui confia-t-il une partie des planches à

comme étant ceux qui répondaient le mieux au programme et aux intentions du fondateur. Néanmoins ces travaux ne parurent pas assez complets encore pour qu'il y eût lieu de donner le prix, et le concours fut prorogé jusqu'au 1ᵉʳ avril 1864. Les résultats de cette nouvelle épreuve firent ajouter à la liste des admissibles MM. Garnier et Placet. Enfin la commission, après des retards indépendants de sa volonté et un examen très-scrupuleux des titres de chacun des concurrents, décida en 1867, par un vote unanime, que le prix de 8,000 francs était décerné à M. Poitevin.

Par son procédé d'impression à l'encre grasse, cet inventeur était parvenu à reproduire sans retouches et de manière à lui conserver toute garantie d'authenticité, une épreuve photographique quelconque, et à tel nombre d'exemplaires que cela pouvait être nécessaire pour mettre à la portée de chacun les documents utiles aux arts et aux sciences. Par l'étude approfondie des réactions de la gélatine bichromatée, M. Poitevin ouvrit aussi toute une série d'applications nouvelles qu'il indiqua, et qui, reprises ensuite et perfectionnées par d'autres, sont devenues autant d'industries spéciales. Ainsi la lithographie, la gravure par morsure du métal, la gravure et la typogra-

---

faire sur les clichés rapportés de son voyage d'Orient en 1864. Les résultats obtenus par M. Nègre n'ont guère été surpassés; mais ses efforts isolés sont loin, d'après l'avis de la commission, d'avoir donné l'élan qui a suivi les communications et les découvertes de M. Poitevin.

phie par moulage, les épreuves aux poudres inaltérables citées plus haut, les émaux photographiques, sont les applications des recherches de M. Poitevin, suscitées elles-mêmes par la fondation du prix. Le duc de Luynes eut donc le mérite de comprendre par une sorte d'intuition que l'avenir industriel de l'art nouveau dépendait de la solution du problème qu'il posait aux inventeurs. Il encouragea leurs premiers essais, et c'est à sa généreuse initiative que l'on doit les progrès rapides qui depuis 1855 ont fait avancer tant en France qu'à l'étranger, non-seulement la gravure et la lithographie, mais aussi les divers modes d'impression sans sels métalliques [1].

Nous avons insisté sur ce point particulier de la vie scientifique de M. de Luynes, à cause des résultats importants que sa rare sagacité lui avait fait entrevoir, et qui dépassèrent même ses espérances. Il vécut assez pour jouir de son ouvrage, et jusqu'à la fin de sa carrière, quand déjà il avait cessé de manier lui-même l'alambic ou le creuset, il continua de s'intéresser aux travaux de la science. Ainsi il contribua pour une forte somme à la création du laboratoire de chimie installé à la Sorbonne sous la direction de M. Frémy; et en 1867, avant de partir pour ce voyage de Rome qui devait être son dernier voyage, il avait tenu à honneur d'inscrire son nom sur la pre-

---

[1] Rapport de M. Davanne sur les épreuves et appareils de photographie admis à l'Exposition universelle de 1867, p. 18 et 19. Paris, Paul Dupont, 1867.

mière liste de la souscription organisée pour rendre possible l'expédition de M. Lambert à la découverte du pôle nord.

IV.

Si les recherches scientifiques de M. de Luynes et les encouragements qu'il donna aux sciences eurent toujours un but d'utilité pratique, son activité appliquée aux choses de la littérature et de l'érudition devait se porter aussi de préférence vers les résultats positifs. C'est ce cachet de curiosité féconde qu'il imprima constamment à ses travaux personnels aussi bien qu'à ceux dont il fut le promoteur assidu. La conception du beau dépend naturellement de la direction de chaque esprit. Pour les hommes d'imagination, le beau est un type idéal à la création duquel concourent certaines qualités exquises, mais diverses et fondues ensemble; pour les hommes de raisonnement, le beau est un type choisi mais réel, dont la perfection consiste dans la mise en relief de son expression la plus caractéristique. M. de Luynes appartenait, ce me semble, à cette seconde école. Pour lui, le beau dans les lettres et dans les arts c'était le vrai, comme dans les sciences c'était l'utile. Les formes que l'imagination revêt le plus volontiers, les moyens dont l'inspiration se sert pour agir le plus directement sur l'âme humaine, la poésie et la musique, par exemple, n'avaient pour lui qu'un attrait secondaire; il leur préférait de beaucoup l'histoire et la sculpture, dont la gravité plus austère et l'action plus calme provoquent la méditation et laissent à la raison tout son empire. On ne s'étonnera pas qu'avec cette disposition d'esprit il considérât Thucydide et Tacite comme les premiers d'entre les historiens, ni que Phidias et Michel-Ange fussent à ses yeux les plus grands des sculpteurs. Même dans son admiration des œuvres d'art de l'antiquité il y avait une part pour la réflexion, un motif spécial qui déterminait son choix; la pure beauté plastique ne suffisait pas. Quand il rassemblait avec tant de soin les vases, les médailles, les pierres gravées, c'était moins encore pour le charme des yeux que pour la satisfaction d'une pensée qui se réservait de demander à ces monuments l'explication des symboles et des mystères de la Grèce et de l'antique Orient. De même, en recueillant les sceaux, les inscriptions, les diplômes, les cartulaires du moyen âge, il n'avait point pour objet de se créer une collection qui fût curieuse, rare et stérile, mais il se proposait de l'employer à résoudre les questions controversées, à réfuter les erreurs, à fournir aux historiens des documents irrécusables.

Pendant qu'il comparait et contrôlait les livres des anciens pour parvenir à l'interprétation des monuments de leur art, M. de Luynes entreprenait aussi de contribuer par la critique des textes du moyen âge au renouvellement de l'histoire de cette période. C'était deux voies parallèles dans lesquelles il s'engageait, en y apportant la même précision, le même amour de l'exactitude. Mais si dans l'étude de l'antiquité il fut à certains égards un initiateur, dans les recherches d'érudition appliquées au moyen âge il ne fit que suivre l'impulsion déjà donnée. Seulement il chercha à porter la lumière sur des points encore obscurs, et ses efforts ne restèrent pas infructueux. Je réunirai ici, pour n'y plus revenir, les services de toute nature qu'il rendit à l'histoire proprement dite.

Le premier ouvrage qu'il publia en ce genre date de 1839 : c'est son commentaire chronologique sur les éphémérides intitulées : *Diurnali di Matteo di Giovenazzo.* Familiarisé avec les annales italiennes par les lectures préparatoires qu'avaient exigées ses voyages en Italie, le duc de Luynes avait été frappé surtout du grand drame dont le sujet est la splendeur et la chute des Hohenstauffen, dont les personnages principaux s'appellent Frédéric II, Manfred, Conradin, Charles d'Anjou. Il y voyait avec raison le point culminant de la longue et terrible lutte engagée entre l'Empire et la Papauté, lutte qui a eu pour résultat de constituer par l'affaiblissement des deux adversaires l'indépendance des États modernes. Mais dès qu'il voulut pénétrer dans les détails de cette vaste étude, il se trouva arrêté par l'incorrection d'un grand nombre de textes. Le Journal de Matteo de Giovenazzo, si intéressant pour l'histoire de l'Italie méridionale pendant le second tiers du treizième siècle, irrita en particulier sa curiosité. Il y reconnut des transpositions et des erreurs de dates, imputables probablement aux anciens copistes, mais que les éditeurs successifs, Papebroch, Muratori, Caruso, n'avaient aucunement soupçonnées, et il s'attacha à rétablir dans leur ordre chronologique primitif les deux cent neuf articles dont cette chronique se compose. Sa restitution, contestable en de certains points, est sur la plupart des autres justifiée par des raisons suffisantes, et la méthode critique qu'il a suivie se fonde sur les règles les mieux établies de la diplomatique.

Ce commentaire des *Diurnali* ne fut point une simple et passagère excursion en pays étranger, car M. de Luynes n'était pas homme à abandonner ainsi le champ à demi défriché. Au contraire, il ne sentit que mieux la nécessité de poursuivre son œuvre et de pénétrer davantage au cœur du sujet, tout en lui donnant des proportions plus vastes. En 1836, il avait chargé M. Victor Baltard, architecte, alors pensionnaire de l'Académie de France à Rome, de dessiner les principaux *Monuments des princes normands et souabes* qui subsistaient encore dans les provinces continentales du royaume de Naples. Ces dessins, exécutés avec autant de fidélité que d'élégance, et confiés à des graveurs dont l'artiste surveillait le travail, furent l'occasion d'un nouvel ouvrage où l'histoire finit par prendre le pas sur l'archéologie descriptive. En effet, l'auteur de la présente Notice, chargé de la rédaction du texte qui devait accompagner les dessins de M. Baltard, se conforma aux désirs du duc de Luynes, en cherchant à remonter aux sources mêmes. Mais, lui aussi, il rencontra dans plusieurs chroniques de source allemande ou italienne des difficultés analogues à celles qui avaient encombré si longtemps les *Diurnali* de Matteo. Quand le livre eut paru en 1844, il sentit mieux que personne les imperfections de son texte, et il lui sembla que le meilleur moyen de rétablir dans ces chroniques l'ordre et la clarté était de les contrôler par l'étude des chartes et des actes authentiques. Cette idée frappa M. de Luynes, qui lui donna son approbation; mais dans une période si étendue il fallait s'imposer des bornes, et l'on dut se limiter au grand règne de l'empereur Frédéric II comme au point où venaient converger, en se pénétrant mutuellement, l'histoire de l'Allemagne et celle de l'Italie. C'était d'ailleurs un personnage bien fait pour concentrer sur lui l'attention que cet empereur, à demi italien, à demi arabe, réformateur hardi mais prématuré, qui rêvant une autocratie politique et religieuse à la manière des Césars byzantins, vint se briser contre la résistance de la ligue lombarde et la haine inexorable des papes. De là naquit le plan d'un troisième ouvrage commencé dès 1845, et terminé en 1861 seulement. Explorations réitérées des bibliothèques et des archives tant de la France que de l'étranger, achats de livres rares, transcriptions de pièces, impression soignée et coûteuse, rien n'arrêta la persévérance qui portait M. de Luynes à vouloir creuser un sujet quand il le croyait digne d'étude et fécond en enseignements. L'*Histoire diplomatique de Frédéric II*, en douze volumes in-quarto, auxquels on peut joindre comme annexe un volume publié en 1856 de *Chroniques latines inédites*, fut dédiée au roi de

Prusse Frédéric-Guillaume IV[1], et à cette occasion ce prince conféra au duc de Luynes l'ordre du Mérite civil, distinction qui n'est accordée qu'en nombre très-restreint à des étrangers. L'auteur eut lui aussi sa récompense dans les suffrages si honorables de l'Académie des inscriptions et belles-lettres, et dans l'approbation des érudits. Ce fut, j'ose le dire, une satisfaction pour le généreux promoteur de cet ouvrage (et il a eu souvent la bonté de me le témoigner), de voir réalisée sous une forme définitive la pensée qui avait présidé à son premier essai, et qui dans la seconde tentative n'avait pas complétement abouti.

L'histoire de l'Italie au treizième siècle avait tant d'attraits pour le duc de Luynes qu'il songea à traiter lui-même la période des rois angevins, et en vue de ce travail il fit dessiner les somptueux tombeaux qui ont

---

[1] Voici le texte de cette dédicace dont M. de Luynes avait eu la pensée, et qu'il rédigea lui-même.

Friderico Willielmo quarto
Regi Borussiæ illustri
Quod scientias artesque
Nobili studio foveat
Monumentum historiæ
Friderici secundi
Imperatoris
De scientiis artibusque
Suo tempore meritissimi
H. de Albertis de Luynes
Obtulit et dicavit
Anno ab incarnatione Christi
M. DCCC. LII.

perpétué jusqu'à nous le souvenir de ces princes, à Santa-Chiara, à San-Lorenzo Maggiore et dans d'autres églises de Naples. En 1853, M. Charles Garnier releva sur place ces monuments, qui fournirent cinquante-quatre dessins magnifiques, rehaussés d'or et de couleurs et traités avec l'éclat que le brillant artiste, le futur architecte de l'Opéra, savait déjà donner à ses ouvrages. Plus les dessins étaient beaux, plus le texte qui devait les accompagner, même en se bornant à la partie descriptive, devait être irréprochable. Or il fallait absolument entrer de plain-pied dans l'histoire, tout au moins dans l'histoire généalogique, et les récits des chroniques, sans le secours des chartes, n'auraient pas suffi à concilier toutes les difficultés. De 1857 à 1861, M. de Luynes réunit beaucoup de matériaux qu'il n'eut pas le loisir de mettre en œuvre. De plus, voulant faire reproduire par la lithochromie les tombeaux des Angevins, il ne fut point satisfait des épreuves qui lui furent présentées. Il ne pouvait arriver à la perfection qu'il désirait qu'au prix de sacrifices considérables; il vieillissait, il était déjà triste et souffrant. Le projet fut abandonné, et les dessins de M. Garnier sont restés en portefeuille, au grand regret des archéologues et des historiens.

Si nous revenons en arrière de plusieurs années, et si, sans sortir du treizième siècle, nous abandonnons l'Italie pour nous transporter sur un autre théâtre, nous retrouvons M. de Luynes encourageant une tentative historique d'un genre différent. En 1841 avait paru sous ses auspices la traduction de la *Grande chronique* de Matthieu Paris, auteur crédule, quelquefois malicieux, en mesure d'être bien renseigné, mais n'étant pas toujours en humeur d'être impartial. Ce travail avait pour objet de servir de complément à la collection des *Mémoires* sur l'histoire de France donnée par M. Guizot, collection où Matthieu Paris, très Anglais et quelque peu gallophobe, n'avait pas trouvé une place qu'on ne peut cependant lui refuser sans injustice. Les traductions de chroniques latines peuvent servir aux hommes du monde, elles ne satisferont jamais les érudits, qu'elles ne dispensent point de recourir au texte original. Néanmoins, à la date où elle fut publiée, cette version française de Matthieu Paris fut accueillie avec indulgence. Mais je ne crois pas qu'on ait alors ni depuis signalé suffisamment à l'attention des gens de goût l'*Introduction* écrite par M. de Luynes pour figurer en tête de l'ouvrage. Par les vues générales comme par la correction du style, c'est un morceau remarquable, où les appréciations politiques s'inspirent d'un esprit vraiment libéral. On y lit, par exemple, à propos de l'acte fondamental arraché à Jean Sans-terre : « Le véritable mérite de la Grande Charte fut de rendre permanent et durable ce qui avait été jusque-là précaire et facile à transgresser; elle définit ce qui était resté incertain et exigea comme un droit ce que l'on n'obtenait plus que comme une grâce. En limitant de bonne heure le pouvoir royal, elle eut l'avantage d'améliorer la situation présente et d'assurer l'avenir. On ne pouvait attendre davantage de la prudence humaine, presque toujours surprise et déconcertée par les événements. » Plus loin, M. de Luynes, caractérisant le soulèvement de 1264 qui fut le complément et la consécration de la Grande Charte, se résume et conclut en disant : « Ainsi fut achevée sous l'influence de l'esprit public, par la force et le discernement de quelques chefs, cette transition salutaire du régime féodal au régime constitutionnel, source des prospérités et de la grandeur de l'Angleterre, état plus approprié au génie de la nation britannique et à son système d'aristocratie qu'à toute autre nation européenne où les éléments de pouvoir et d'action ne se contre-balancent pas avec la même régularité..... L'œuvre de Pembroke et de Leycester subsiste encore aujourd'hui. Elle atteste le génie de ces hommes qui reconnurent la réforme devenue nécessaire, l'accomplirent avec une noble audace, et la léguèrent à la postérité. »

On me pardonnera d'avoir rappelé avec quelque complaisance cette traduction de Matthieu Paris, à laquelle se rattachent pour moi les premiers souvenirs de relations littéraires qui depuis ne furent pas interrompues. La reconnaissance est facile et entière quand l'obligé n'a jamais eu à faire aucun sacrifice d'indépendance ni de dignité personnelle. C'est que le patronage auquel sont dues ces publications historiques se présentait d'ordinaire sous la forme d'une collaboration qui apportait à l'œuvre projetée la direction, les conseils, quelquefois même l'idée première et le plan. En payant ainsi de sa personne et en donnant le concours de sa profonde érudition, M. de Luynes semblait comme s'excuser de ce hasard de la fortune qui lui permettait de fournir aussi un appui matériel à des recherches longues et coûteuses. Il ne voulait pas que la personnalité d'autrui s'effaçât devant la sienne : à chacun sa responsabilité devant le jugement du public, à chacun aussi le mérite et le fruit de son travail. Tels étaient même ses scrupules en cette matière, qu'à peine consentait-il à ce que son nom fût inscrit sur les ouvrages auxquels il avait le plus contribué.

M. de Luynes ne s'engagea pas plus avant dans la voie des traductions d'auteurs latins du moyen âge, et il suivit, comme on l'a vu, la direction nouvelle qui entraînait plutôt les érudits à éclairer par les chartes les textes littéraires. Pendant qu'il poussait vers les études paléographiques et diplomatiques le jeune traducteur de Matthieu Paris, il aidait autour de lui à la fondation de la Société archéologique de Rambouillet. Cette Société avait pour mission, dans sa pensée, de produire des travaux propres à faire bien connaître un pays où abondent les souvenirs historiques, où naquirent les Montfort et les Lévis, où s'élevèrent les monastères des Vaux de Cernay et de Port-Royal des Champs. On vit alors paraître cette série de beaux cartulaires, Notre-Dame des Moulineaux, Notre-Dame des Vaux de Cernay, Notre-Dame de la Roche, publications auxquelles M. Auguste Moutié et M. Lucien Merlet ont attaché leurs noms et qui devaient être suivis et couronnés par le cartulaire même de Port-Royal. M. Moutié surtout, qui était l'homme du pays, l'investigateur infatigable des antiquités de l'arrondissement, usant ses yeux sur les vieux parchemins, risquant même sa vie au sommet d'une longue et fragile échelle pour mesurer un chapiteau ou pour déchiffrer une date, M. Moutié avait, en ce qui concernait les études locales, la confiance et l'estime du duc de Luynes. Celui-ci avait confié au respectable et modeste antiquaire la rédaction d'une Histoire des sires de Chevreuse, dont il avait rassemblé avec soin et copié presque entièrement de sa main les pièces justificatives. Il tenait beaucoup à cet ouvrage, qui lui semblait rattacher, au moins par un lien nominal, sa propre famille à celle des anciens chevaliers qui furent les conseillers, les ambassadeurs, les porte-oriflamme de nos rois capétiens. Vingt-cinq dessins destinés à accompagner le texte, et exécutés par M. Sauvageot, devaient former un atlas où aurait aussi trouvé place une restitution du château des sires de Chevreuse par M. Viollet-le-Duc. Mais on peut craindre que la mort inopinée du généreux Mécène ne vienne interrompre l'œuvre à laquelle M. Moutié voulait consacrer les derniers restes d'une vue presque éteinte et d'une santé toujours chancelante.

Ces travaux d'histoire locale, dont les détails apportent à l'ensemble des faits tant de lumières, étaient de ceux que M. de Luynes se plaisait le plus à protéger, parce qu'il y pouvait prendre une part active et personnelle. Néanmoins il s'intéressait aussi aux entreprises d'un intérêt plus général, dès qu'elles réclamaient à bon droit son appui. Membre du conseil de la Société de l'histoire de France presque dès l'origine, il savait combien il y a encore de sources nouvelles à faire jaillir dans les profondeurs de notre histoire nationale. Aussi seconda-t-il, mais seulement de ses deniers, un membre de cette Société, M. Alexandre Teulet, dans la préparation de l'inventaire complet des layettes du *Trésor des chartes* : tâche immense dont ce laborieux archiviste n'avait pas suffisamment mesuré l'étendue ni prévu les difficultés, s'obstinant à garder l'espoir d'imprimer pour son propre compte l'œuvre qu'il considérait comme sienne. Quand, par suite de convenances ou de nécessités qu'il serait inutile de rappeler ici, la publication du *Trésor des chartes* prit un caractère exclusivement administratif, M. de Luynes s'abstint de toute immixtion dans une affaire où l'État se réservait d'intervenir. Ce qui n'avait été qu'une avance se convertit en un don pur et simple, et il se tint pour satisfait d'avoir pu alléger par des libéralités opportunes les sacrifices que, dans son zèle intrépide et sans calculer ses faibles ressources, M. Teulet s'était imposés.

Des savants étrangers eurent aussi leur part dans le patronage que M. de Luynes accordait ou offrait de lui-même aux publications historiques. Un écrivain sicilien, M. Michele Amari, aujourd'hui sénateur du royaume d'Italie, exilé en 1842 à l'occasion de son livre célèbre *La guerra del Vespro Siciliano*, vivait à Paris, apprenant l'arabe, étude où il est devenu un maître, et tout occupé de son histoire de la Sicile musulmane. M. de Luynes était loin de partager les opinions antibourbonniennes de M. Amari, mais il rendait hommage à sa science, à sa modestie, au stoïcisme avec lequel il savait supporter les rigueurs et les misères de l'exil. Il le consultait souvent, et dans le cours de ses recherches sur la numismatique punique, il lui arriva de l'interroger à propos d'un nom topographique appartenant à la Sicile qu'il avait remarqué dans la traduction d'Edrisi et qui paraissait avoir quelque analogie avec l'inscription d'une médaille. A cette occasion, M. Amari ayant mis sous ses yeux l'esquisse d'une carte comparée de l'île entière qu'il avait dressée d'après les auteurs arabes, le duc trouva cette carte si intéressante qu'il offrit de la faire graver à ses frais, et de son côté M. Amari pria l'éminent archéologue de faire profiter le public de sa science comme de sa libéralité en ajoutant lui-même une carte comparée de la Sicile ancienne. Pour éviter la confusion de trop de lettres accumulées sur quelques points, on dut abandonner le projet primitif d'une seule carte comparée qui aurait présenté à l'encre noire les noms actuels et en deux couleurs différentes les noms anciens et arabes; on disposa donc une double carte ancienne et arabe, en rapportant dans l'une comme dans l'autre à l'encre rouge la nomenclature de l'époque et la nomenclature actuelle en noir. La carte arabe, qui ne présentait aucun obstacle sérieux, parut en 1859 sous le titre de *Carte comparée de la Sicile moderne avec la Sicile au douzième siècle, d'après Edrisi et d'autres géographes arabes.* Dans son zèle désintéressé pour la science, M. de Luynes l'avait exigé ainsi; la carte ancienne qu'il avait déjà commencée devant attendre encore le résultat de recherches plus approfondies [1].

La carte de la Sicile publiée en 1826 en quatre feuilles par le dépôt de la guerre de Naples, fut prise pour base du nouveau travail. M. Dufour, habile géographe, la réduisit de moitié, la corrigea d'après les observations de Daussy et de Smyth, d'après les tableaux publiés pour l'administration douanière par Arangio, et d'après de nouveaux renseignements recueillis en Sicile même. M. Amari y reporta tous les noms arabes que ses immenses lectures lui avaient permis de rassembler et d'identifier avec les noms modernes. Il y ajouta une notice préliminaire, et, ce qui est infiniment précieux, un index topographique de la Sicile au moyen âge, avec la citation précise des sources consultées, soit imprimées, soit manuscrites. Tous ceux qui se rendent compte des difficultés de l'étude de la géographie comparée apprécieront les ressources que de pareils travaux fournissent pour l'intelligence et le bon emploi des textes.

Telle est l'histoire de cette carte arabe si estimée des connaisseurs. Quant à la carte ancienne de la Sicile promise par M. de Luynes, elle n'a jamais vu

[1] Tous les détails que nous donnons ici sont empruntés presque textuellement aux explications fournies par M. Amari lui-même, en tête de sa notice préliminaire.

le jour. Cela tient à ce que le livre auquel elle se rattachait n'a pas lui-même été imprimé. Toujours désireux de faire jouir de ses trésors le public savant, le duc avait fait graver et avait même donné à quelques antiquaires la suite de ses monnaies puniques de Sicile, préparant sur ce sujet un grand ouvrage qui eût été beaucoup plus complet que le Mémoire, d'ailleurs très-estimable, du professeur sicilien Ugdulena. Le texte en était achevé lorsque parut sur cette partie de la numismatique carthaginoise la publication de M. L. Müller de Copenhague[1]. Se voyant devancé, M. de Luynes ne songea plus à donner au public son propre travail, parce que sur certains points il ne voulait pas avoir à revendiquer le mérite de la priorité et que sur d'autres il craignait de se trouver en désaccord avec M. Müller sans avoir à proposer des explications plus décisives. La résolution que lui inspira sa grande modestie est peut-être à regretter, car son travail, en dehors de la question purement numismatique, renferme des récits historiques d'un véritable intérêt sur les établissements et les guerres des Carthaginois en Sicile.

Un autre savant italien, M. le comte Passerini, a obtenu du duc de Luynes des encouragements pour son *Histoire de la famille florentine des Alberti*, à laquelle se rattachaient les Albert du comtat d'Avignon, tige de la maison de Luynes. Cette filia-

---

[1] *Monnaies frappées en Sicile par les Carthaginois*, dans le tome II des *Monnaies de l'ancienne Afrique*, Copenhague, 1861.

tion est restée plutôt vraisemblable que positivement établie, même après avoir été au dix-septième siècle l'objet des recherches de Mabillon, qui avait été chargé par le second duc de Luynes de compulser à ce sujet les archives et les bibliothèques de la Toscane pendant son voyage d'Italie. Sans y mettre aucune vanité généalogique, M. de Luynes se trouvait naturellement intéressé à l'éclaircissement du problème, et au moment de sa mort l'impression de l'ouvrage de M. Passerini était achevée, sauf la partie numismatique, confiée à l'abbé Guido Ciabatti. Nous ne savons pas encore si l'auteur italien sera parvenu à résoudre la question de manière à dissiper tous les doutes.

En abordant l'histoire des pays étrangers, M. de Luynes avait compris que l'obstacle qui arrête presque aussitôt toute étude sérieuse sur ce sujet, c'est la rareté des livres ou tout au moins la difficulté de se les procurer. Aussi, ayant trouvé à Dampierre le noyau formé par sa grand'mère d'une bonne bibliothèque historique en ce qui concerne la France, il s'occupa constamment d'y ajouter tous les ouvrages de première main qui pouvaient renfermer aussi les annales de l'Angleterre, de l'Allemagne et surtout de l'Italie. Ce dernier pays, et dans ce pays le royaume de Naples, furent l'objet de ses investigations assidues. Non-seulement les grands recueils, mais aussi une foule de monographies, de dissertations spéciales introuvables dans nos principales collections publiques, furent acquises par lui, et je ne crains pas d'affirmer, après en avoir personnellement usé, qu'à ce point de vue la bibliothèque de Dampierre est une des plus précieuses et des mieux choisies qu'il y ait en France. En même temps le duc se formait à Paris une bibliothèque particulièrement consacrée aux livres d'archéologie et de numismatique, et ces livres tapissaient le cabinet où se trouvaient ses collections d'objets d'art. A côté des monuments il avait voulu placer tout ce qui peut servir à l'explication de leurs témoignages, dont l'accord est si nécessaire pour reconstituer l'histoire des temps passés.

V.

L'histoire écrite a besoin en effet d'être complétée par les secours que lui apportent les monuments, les inscriptions, les peintures, les pierres gravées, les médailles, par tout cet ensemble de manifestations publiques et de preuves matérielles dont l'examen constitue ce qu'on appelle la science de l'antiquaire. Cette science, à son tour, se divise en trois branches principales : l'archéologie, qui s'applique plus particulièrement à l'étude des monuments d'architecture et des monuments figurés; la numismatique, qui est, comme son nom l'indique, la science des monnaies et des médailles; et la philologie, dont l'objet est la critique et l'interprétation des textes, en y comprenant les textes épigraphiques. Mais peu d'hommes ont assez de force d'esprit, de loisirs et surtout de ressources pour cultiver avec un égal succès les terrains variés d'un si vaste domaine. M. de Luynes eut le rare avantage d'avoir une fortune en rapport avec sa curiosité et une intelligence au niveau des problèmes d'érudition qu'il se proposait de résoudre. Nous l'avons loué jusqu'ici pour ses recherches scientifiques, pour l'impulsion qu'il donna à l'histoire étrangère et à l'histoire de la France; mais il faut bien reconnaître qu'il fut avant tout un antiquaire. Sa situation aida à sa vocation, et cette heureuse alliance produisit des résultats dont il est temps de rappeler ici les principaux.

Le goût pour les médailles et les vases peints fut celui qui s'éveilla d'abord en lui; il l'avait déjà avant son premier mariage, et il le conserva aussi vif jusqu'au jour où sa seconde union fut si douloureusement rompue. Ce fut en 1829 que, bien jeune encore, mais déjà éprouvé par la douleur et mûri par le travail, il débuta dans les *Annales de l'Institut de correspondance archéologique*, récemment fondé à Rome par Féa, Bunsen, Gerhard et Panofka. C'était le moment où d'heureuses et abondantes trouvailles de monuments antiques venaient à point pour ouvrir une veine nouvelle à l'archéologie. Depuis lors jusqu'en 1861, c'est-à-dire durant plus de trente ans, il ne cessa de contribuer directement et personnellement au rajeunissement des études mythologiques et à l'éclaircissement des points les plus obscurs de la numismatique ancienne. A cette date de 1829, le jeune antiquaire prit brillamment position, ayant publié coup sur coup sept dissertations, dont deux surtout, les *Ruines de Velia* et la *Restitution du bas-relief du Louvre relatif à la naissance d'Erichthonius*, furent très-remarquées. L'année suivante, qui fut celle de son entrée à l'Académie des inscriptions et belles-lettres, il se signala par des travaux plus particulièrement numismatiques, tels que l'étude du *Démarétion*, monnaie d'or syracusaine qui remonte au temps de Gélon Ier, et l'explication des *Médailles de Tarente relatives à l'Apollon Hyacinthien*[1]. En 1832, il donna un Mémoire sur la *poterie antique*, où la question était traitée au double point de vue de la fabrication et de l'art. Mais ce fut principalement en 1833 qu'il marqua sa place au premier rang des érudits par ses recherches sur la *ville de Pandosia*, par son étude sur les *Vases sans fond* et sur leur usage chez les Grecs, et par sa belle publication de *Métaponte*. Deux voyages dans l'ancienne Grande Grèce, accomplis l'un en 1825, l'autre en 1828, avaient permis à M. de Luynes et à son compagnon et collaborateur M. Debacq d'exécuter des fouilles importantes à Métaponte. Plus heureux qu'à Sybaris, où ils ne rencontrèrent plus rien qui méritât d'être relevé, les deux explorateurs trouvèrent à Métaponte des ruines encore isolées et en place, ainsi que des débris antiques employés dans des constructions

---

[1] Nous ne pouvons ici, dans un travail d'ensemble, énumérer un à un tous les travaux archéologiques de M. de Luynes; mais on trouvera à la fin de cette notice une bibliographie aussi complète qu'il nous a été possible de l'établir en faisant appel aux souvenirs de ses confrères, et notamment de M. le baron de Witte.

modernes. Leurs fouilles, en pénétrant à une certaine profondeur dans des terrains marécageux, furent, il est vrai, interrompues par une crue subite des eaux; mais ils rapportèrent assez de dessins et de notes pour reconstituer sur des données sérieuses le plan et les principaux édifices de la cité célèbre où la tradition fait vivre et mourir Pythagore. Un très-bon critique, M. Ernest Vinet, a remarqué que les planches de cet ouvrage, où se trouvent reproduits certains ornements d'architecture en terre cuite coloriée, du style grec le plus pur, firent alors sensation, car elles fournirent des arguments nouveaux aux défenseurs de la polychromie antique, dont l'opinion était encore considérée à cette date comme un paradoxe et comme l'indice d'un goût barbare [1].

Les *Études numismatiques sur quelques types relatifs au culte d'Hécate* parurent en 1835, et furent accueillies avec un tel empressement qu'aujourd'hui ce beau travail est devenu d'une extrême rareté. Dans les années qui suivirent, M. de Luynes ayant reconnu que l'archéologie n'avait pas encore à Paris d'organe accrédité, songea à en susciter un qui, tout en se rattachant à l'Institut archéologique de Rome, eût cependant sa vie propre et indépendante. D'abord avec le concours de plusieurs antiquaires français, puis seul quand le premier zèle se fut refroidi, il fonda et soutint quelque temps le recueil qui porte le titre

---

[1] Voir le *Journal des Débats* du 17 avril 1868.

de *Nouvelles Annales de l'Institut archéologique,* section française. Ce fut là qu'il inséra, entre autres travaux, un de ceux qui, au dire des hommes compétents, font le plus d'honneur à sa sagacité et à sa pénétration, nous voulons parler de la dissertation sur les *monnaies incuses* [1] *de la Grande Grèce.* Mais le moment n'était pas encore assez propice ni le goût de l'archéologie assez répandu pour donner des chances de durée à un recueil de ce genre ; d'ailleurs la *Revue de numismatique* venait de naître, qui, en ouvrant une voie plus restreinte, s'adressait en même temps à un public plus fervent et mieux préparé. Ce fut à cette Revue que M. de Luynes adressa désormais la plupart de ses dissertations numismatiques, depuis la *Médaille inédite de Germanicus* (1838) jusqu'au *Nummus de Servius Tullius* (1859), sans renoncer pourtant à collaborer aux anciennes *Annales de l'Institut archéologique,* où il inséra encore, de 1841 à 1855, plusieurs travaux, dont les principaux sont le *Mémoire sur les Harpyes* et les *Recherches sur l'emplacement de l'ancienne ville de Motya.* A cette période se rattachent les plus beaux travaux du noble académicien, tant sur les vases peints étrusques, italiotes, siciliens et grecs de son cabinet, dont il donna en 1840 une description accompagnée de quarante-cinq planches, que sur les médailles grecques, dont il publia la même année un choix magni-

[1] On appelle *incuses* les pièces dont l'une des faces est en creux, ce qui pour les médailles grecques est un caractère de haute antiquité.

fique. M. le baron de Witte a déjà fait remarquer que c'est le duc de Luynes qui le premier a signalé les noms d'artistes qu'on lit sur quelques-uns de ces précieux monuments, entre autres les noms de Cimon et d'Évenète, qui ont gravé les incomparables médaillons de Syracuse.

Mais l'antiquité grecque et romaine ne pouvait suffire à l'ardente curiosité du duc de Luynes. Se trouvant amené sur la limite des antiquités orientales, il résolut de la franchir et se prépara à ce nouveau pas en avant par des études approfondies. Doué d'une aptitude étonnante pour l'intelligence des langues vivantes et mortes, il apprit successivement l'arabe et l'hébreu, afin d'arriver à l'interprétation des textes phéniciens, palmyréniens et araméens ; de 1842 à 1845, il se mit en mesure d'entreprendre l'explication des monuments orientaux qui faisaient partie de ses collections en les comparant à ceux des collections étrangères. On a prétendu qu'à ce moment de la vie scientifique de M. de Luynes la connaissance qu'il fit de l'abbé Lanci, orientaliste romain, vint l'affermir et l'aider dans la voie des études sémitiques. L'abbé Lanci, alors en disponibilité par la mort de son patron, le duc de Blacas d'Aulps, put en effet offrir en de certains cas à M. de Luynes le concours de son expérience [1] ; mais il ne faudrait rien exagérer. Sans nier le mérite de cet orientaliste, on ne saurait non plus dissimuler les faiblesses de mé-

---

[1] Voir notamment aux pages 92 et 120 de la *Numismatique des rois de Phénicie*.

thode et les légèretés d'interprétation que de très-bons juges ont signalées dans ses ouvrages. C'était un homme aimable, un savant à la vieille mode italienne, et qui annonçait quelques velléités d'indépendance d'esprit dans sa manière d'appliquer à l'Écriture sainte les témoignages des monuments phéniciens, assyriens et égyptiens. M. de Luynes pouvait se plaire à sa conversation, mais il était trop dégagé de préjugés pour se contenter de réticences en matière scientifique et trop épris d'érudition sérieuse pour s'en tenir à des procédés surannés. Il se créa tout seul, comme on le vit bientôt par ses livres, et s'il aida l'abbé Lanci à publier en 1845 à Paris deux nouveaux ouvrages[1], ce fut par l'effet de sa libéralité habituelle et non pour acquitter une dette littéraire.

Le premier fruit de ses travaux de philologie sémitique fut l'*Essai sur la numismatique des satrapies et de la Phénicie sous les rois Achéménides*, imprimé en 1846. « La numismatique phénicienne, disait-il dans sa préface, est restée jusqu'à nos jours dépourvue de toute classification raisonnée, et ses premiers éléments sont à peine déterminés. Après Swinton, Dutens, Barthélemy, Bellermann et Gesenius, je dois craindre de paraître téméraire en reprenant une tâche que des hommes si éminents ont laissée ina-

---

[1] On en trouvera les titres dans la liste des publications auxquelles M. de Luynes a fourni son concours. L'abbé Lanci est mort à Palestrina au mois d'octobre 1867, dans un âge avancé, au moment où il s'occupait encore de traduire et d'expliquer les inscriptions arabes des armes orientales que le duc avait à Dampierre.

chevée. L'Essai que je publie est le résultat de longues études, durant lesquelles j'ai comparé attentivement un grand nombre de monuments conservés dans les principaux cabinets de l'Europe. J'ose espérer l'indulgence et l'intérêt des archéologues en leur offrant une classification commencée, quelques interprétations vraisemblables et des faits historiques constatés par des monuments dont les uns sont inédits, les autres décrits avec plus d'exactitude. » Et il ajoutait : « J'accepte d'avance ce que le temps et la saine critique m'apporteront de favorable ou de contraire. » Jusqu'à présent, des découvertes nouvelles ne sont pas venues contredire essentiellement ses conjectures, et la critique a approuvé sa méthode de classement et la plupart de ses interprétations [1].

A la suite de cet ouvrage important, il suffira de mentionner la lettre à M. de Saulcy sur *une inscription palmyrénienne trouvée en Afrique*, et l'explication de quelques *médailles d'Abdémon, de Pharnabaze, de Syphax et d'Alexandre Bala*. Mais bientôt M. de Luynes rentra brillamment dans la lice en offrant aux savants un travail plus considérable où il abordait une question absolument nouvelle. Le livre intitulé *Numismatique et inscriptions cypriotes*, qui parut en 1852, avait pour objet de démontrer qu'une classe de monuments assez nombreux, portant des légendes et des inscriptions en caractères inconnus, devait être

---

[1] Rappelons seulement que dans sa chronologie de la vie de Datame, M. Waddington a restitué à ce satrape diverses médailles que M. de Luynes avait données à Dernès.

rapportée géographiquement à l'île de Chypre, et historiquement à l'époque de la domination égyptienne et persane dans cette île. La tablette de bronze découverte à Dali (l'ancien Idalium) et couverte de caractères sur ses deux faces, fournit surtout à l'auteur les moyens de dresser le tableau de l'alphabet cypriote comparé aux alphabets phénicien, lycien et égyptien, et il tira de cette comparaison la conclusion que l'écriture à laquelle il avait affaire ne pouvait être ni du grec ni du sémitique et devait appartenir à une des autres langues de l'Orient. C'était là un résultat important; mais il s'abstint prudemment d'aller au delà et de tenter l'interprétation d'un monument qui l'intéressait à si juste titre, quoiqu'il inclinât fortement à croire que l'égyptien était la langue dans laquelle était écrite et formulée cette inscription mystérieuse. « J'ai longtemps suivi cette étude, écrivait-il à ce propos; mais les difficultés de la langue copte, sans me décourager, ne m'auraient pas permis de tenter avant longtemps une explication complète sans avoir la crainte de tomber dans des erreurs que l'on n'excuse guère aujourd'hui. » Plus hardi et plus pressé que lui, un professeur de Heidelberg, M. le docteur Röth, entreprit, trois ans après, d'interpréter le texte fourni par la tablette de Dali au moyen du phénicien, non pas du phénicien ordinaire, mais d'un phénicien qu'il appelle pélasgique, lequel aurait été communiqué à l'Égypte dès la plus haute antiquité et importé ensuite dans l'île de Chypre par les Égyptiens. Partant de cette conjecture, il donna de l'inscription une traduction qu'il intitula *Proclamation d'Amasis aux Cypriotes*, en plaçant ce fait au moment de la prise de possession de Chypre par ce roi d'Égypte vers le milieu du sixième siècle avant Jésus-Christ. L'ouvrage, dédié au duc de Luynes qui en avait fait les frais, fut publié en allemand à Paris et à Heidelberg, et bien que les lectures et les conclusions de M. Röth n'aient point été ratifiées par les philologues orientalistes, il n'en faut pas moins savoir gré à celui qui a fourni au savant étranger les moyens d'apporter dans une question si ardue des éléments nouveaux de discussion.

S'il est très-contestable que la langue et l'écriture des Phéniciens aient jamais eu en Égypte assez d'importance pour qu'elles aient pu servir à la rédaction de documents officiels, il faut toutefois reconnaître que, dès les époques les plus reculées, les habitants de la Phénicie, de la Judée et de la Syrie, avaient une tendance marquée à s'établir en Égypte et à s'y naturaliser, soit comme marchands, soit comme fonctionnaires ou comme auxiliaires dans les armées; que par conséquent ils ont dû laisser dans ce pays des traces assez nombreuses de leur langue. C'est ce que M. de Luynes a fait remarquer dans une dissertation insérée en 1855 au Bulletin archéologique de l'*Athenæum* français, et qui est le *Commentaire d'une inscription phénicienne gravée sur une pierre à libation du Sérapéum de Memphis*. Cette inscription est tracée pour trois étrangers adorateurs d'Apis, dont les noms hybrides montrent bien qu'après avoir adopté les mœurs du pays, ils en avaient accepté la religion tout en conservant leur idiome propre; et c'est là un fait bien caractérisé, car « le peu de monuments phéniciens ou carthaginois qui nous sont connus nous révèlent des symboles, des costumes et des personnages mythologiques empruntés d'un côté à l'Égypte, de l'autre aux peuples avec lesquels les races phéniciennes étaient en contact[1]. »

J'arrive au célèbre *Mémoire sur le sarcophage et l'inscription funéraire d'Esmunazar, roi de Sidon*. M. de Luynes ne se borna pas à faire connaître aux savants le beau monument qui venait d'être découvert, le 20 février 1855, par M. Peretié, chancelier du consulat de France à Beyrouth; il voulut en faire l'acquisition pour en doter son pays, et le musée du Louvre possède aujourd'hui ce magnifique cercueil en basalte noir, de la forme égyptienne propre aux caisses des momies. La tête sculptée sur le couvercle, avec sa large coiffure, sa barbe droite et nattée, reste seule à découvert; sur la poitrine retombe un riche et large collier en relief, terminé à ses deux extrémités par une tête d'épervier sacré, tel qu'on en voit souvent au cou des momies. Si l'on songe aux dimensions de ce sarcophage, qui a deux mètres quarante-cinq centimètres de long sur un mètre quarante centimètres de large, à l'épaisseur des parois, à la lourdeur de la matière, on comprendra les difficultés

---

[1] Je dois faire observer que suivant d'autres philologues l'inscription est en caractères araméens et non phéniciens.

de son extraction du caveau où il était engagé et de son transport jusqu'à la mer. Cette opération a été fort bien décrite par l'auteur lui-même dans la préface de son ouvrage, et la citation qui s'offre ici naturellement à nous permettra d'en juger. Sans doute on ne peut dire que M. de Luynes ait eu à proprement parler le talent littéraire. Doué surtout de l'esprit d'analyse, il était plus porté à approfondir les questions qu'à les étendre, à circonscrire les solutions qu'à les généraliser, et chez lui la forme répondait au fond. Son style a donc plus de netteté que d'ampleur, et vise plutôt à la clarté qu'à l'élégance ; néanmoins, il n'était pas ennemi du pittoresque, pourvu que la description fût exacte et sans ornements superflus ; il donnait même du relief à sa manière de s'exprimer, quand il s'abandonnait à l'émotion intérieure. « Toute la population de Sayda, dit-il, suivit au rivage notre consul général et le gouverneur de la ville. Au milieu de cette affluence inusitée, dix paires de bœufs traînaient vers la mer le cercueil de basalte couvert de fleurs et de branches de palmier. Les applaudissements et les cris encourageaient l'attelage et ses guides, chaque fois qu'ils se tiraient de quelque pas difficile ou des sables au sein desquels le chariot restait quelquefois à demi enseveli. Mais la force des bœufs eux-mêmes aurait été inutile sans l'assistance et l'énergie des matelots de *la Sérieuse*. Au moment où l'on désespérait de vaincre le dernier obstacle, deux troupes de marins réunies enlevèrent le sarcophage et le déposèrent au lieu de l'embarquement.

Malgré les rochers, la mer houleuse et les bas-fonds, la mahonne chargée successivement de la caisse funèbre et de son couvercle, transporta sans accident ce riche fardeau à bord de *la Sérieuse*... Le commandant ne voulut pas quitter le rivage de Sayda sans faire connaître à son équipage l'importance du monument qui avait coûté tant de peines et de travail. Réunissant ses marins autour de lui, il leur fit donner lecture de la grande inscription sur une traduction provisoire, mais à peu près exacte... Dans cette séance académique d'un genre tout nouveau, les matelots français, silencieux et attentifs, écoutaient les dernières paroles d'un roi dont les vaisseaux avaient peut-être visité les côtes de la Gaule encore barbare, pendant leurs fréquentes navigations vers les îles septentrionales, aux extrémités du monde alors connu. »

Cet accès d'enthousiasme chez un homme si renfermé d'ordinaire, s'explique par l'importance d'un monument précieux pour l'étude de l'histoire et de l'antiquité, et qu'il s'honorait (l'expression est de lui) d'avoir destiné au musée du Louvre dès la première notification de sa découverte. En effet, ce sarcophage, au lieu d'être orné d'hiéroglyphes comme sa forme purement égyptienne l'aurait pu faire supposer, porte dans presque toute sa hauteur une inscription de vingt-deux lignes en caractères phéniciens gravés avec le plus grand soin et parfaitement conservés, et tout autour de la tête du mort une seconde inscription qui n'est que la reproduction, sauf quelques variantes, des deux premiers tiers du texte principal. C'était donc une bonne fortune pour les orientalistes d'être mis en possession d'un texte d'une étendue relativement considérable, qui devait renfermer des mots et des noms nouveaux. Aussi, dès son apparition, l'inscription du sarcophage attira l'attention des savants, en particulier de deux philologues allemands, M. Dietrich et M. Rödiger. Mais M. de Luynes avait pris date auprès de l'Académie des inscriptions et belles-lettres, et dès 1856 il publia sa traduction sans y rien changer, se bornant à la fortifier par le travail même dont elle était le résultat. Les paroles qui sur ce monument sont attribuées au roi des Sidoniens témoignent du respect que tous les peuples de l'antiquité voulaient assurer au repos des morts : « Au milieu de mes festins et de mes vins parfumés, je suis enlevé de l'assemblée des hommes pour prononcer une lamentation et mourir, et rester couché dans ce cercueil, dans le lieu de sépulture que j'ai construit. Par cette lamentation, j'adjure toute race royale et tout homme... Car toute race royale et tout homme qui ouvrira le monument de ce lit funéraire, soit qu'ils enlèvent le couvercle de ce cercueil, soit qu'ils construisent sur le monument qui le recouvre, puissent-ils ne pas avoir de lit funèbre réservé pour eux chez les ombres! Qu'ils soient privés de sépulture, qu'ils ne laissent après eux ni fils ni postérité. Que les grands dieux les tiennent séquestrés dans les enfers ! »

Non content de justifier philologiquement sa traduction, M. de Luynes, par un commentaire historique, géographique et paléographique, s'attacha à resserrer dans des limites aussi étroites que possible l'époque à laquelle le monument d'Esmunazar devait vraisemblablement remonter, et il arriva à le placer vers l'an 575 avant notre ère. A la suite de son travail et comme appendice il publia une inscription punique trouvée à Malte, dont il devait la communication à l'abbé Lanci, qui venait d'en faire paraître une traduction à Rome. Si M. de Luynes se décida à proposer une autre interprétation que celle de cet orientaliste, c'est qu'il croyait avoir, grâce à l'inscription sidonienne, constaté des points de grammaire propres à soutenir ses conjectures. Ce texte, malheureusement mutilé, fait connaître en partie les formules usitées pour la dédicace des sanctuaires consacrés au culte punique. « Les particularités grammaticales qu'il présente le rattachent à l'inscription d'Esmunazar, et son épigraphie appartient à un temps où Carthage était encore dans sa grande puissance [1]. »

Le dernier mémoire de philologie orientale auquel M. de Luynes ait attaché son nom est une dissertation sur les *Monnaies des rois Nabathéens*, dynastie qui s'éleva à l'orient de la mer Morte, vers l'époque des Macchabées, et qui dura jusqu'à la prise de Pétra par les Romains. A l'aide des légendes araméennes gravées sur les petites monnaies de ces princes, il put reconstituer en partie la suite de leurs règnes et par conséquent faire revivre la mémoire d'un peuple qui

[1] Appendice, p. 66.

n'a laissé dans l'histoire écrite que peu de traces de sa courte existence. Des juges fort compétents ont reconnu que M. de Luynes avait fait preuve dans cette étude d'une rare sagacité philologique, et qu'en même temps il y avait établi sur des faits nouveaux l'extension prise en Arabie par la langue araméenne, au moins comme langue officielle, dans le siècle qui précéda l'ère chrétienne.

Nous avons insisté à dessein sur la part considérable que le duc de Luynes a apportée aux études sémitiques, afin de montrer, en énumérant ses œuvres, combien l'antique Orient attirait son esprit curieux. Mais il ne se limitait pas aux monuments araméens ou phéniciens. Les révélations que la science moderne a déjà fournies, celles qu'elle nous promet encore sur l'Égypte, sur l'Assyrie, sur la Perse, avaient pour lui un intérêt particulier, et à mesure que la direction de ses études l'amenait en face des grands problèmes que soulèvent les origines religieuses et historiques, il s'y arrêtait pour en sonder la profondeur. Ne pouvant tout embrasser personnellement, il voulait contribuer au moins de sa bourse au progrès des recherches accomplies par des hommes spéciaux. C'est ainsi qu'il mit à la disposition de M. Mariette une somme assez forte pour l'aider dans les fouilles que le célèbre égyptologue désirait exécuter autour du grand sphinx, et ces fouilles, après avoir dégagé le monument, amenèrent des découvertes qui mirent au jour un temple sans inscriptions et sans sculptures remontant à la plus haute antiquité. C'est ainsi encore que M. de Luynes s'intéressa aux travaux que son ami et confrère M. Félix Lajard avait entrepris sur l'ancien culte des Perses et sur sa perpétuité depuis l'époque de Zoroastre jusqu'aux derniers temps de l'empire romain. Lorsque ce savant académicien mourut en 1858, laissant inachevé l'ouvrage auquel il s'appliquait depuis de longues années, et dont les planches lui avaient coûté une part importante de sa modeste fortune, il désigna M. de Luynes comme un des trois exécuteurs testamentaires à qui il léguait le soin de publier son livre. M. Lajard avait espéré que cette œuvre posthume obtiendrait aisément les honneurs de l'impression gratuite. La somme allouée par l'État ayant été reconnue insuffisante, le duc s'empressa d'envoyer le complément nécessaire à l'achèvement de l'impression, et toujours désireux de se dérober aux suites de ses libéralités, il ne voulut pas même que le livre lui fût dédié par la veuve de M. Lajard. Des circonstances particulières ont longtemps retardé la publication des *Recherches sur le culte public et les mystères de Mithra en Orient et en Occident;* mais le monde érudit est maintenant en possession d'un travail original qui se trouve enrichi de monuments curieux et peu connus [1].

La question des silex taillés de main d'homme,

[1] Le commencement de l'ouvrage de M. Lajard a paru en 1847 (chez Gide) sous forme d'un atlas contenant la représentation des monuments mithriaques de toutes les époques et de toute espèce, accompagné d'une table sommaire et d'une introduction.

laquelle se rattache de si près au problème de l'origine des races humaines, était bien propre à exciter aussi l'attention du duc de Luynes, d'autant plus que ses connaissances en géologie l'avaient d'avance préparé à ce genre tout nouveau d'études archéologiques. Mais au moment où cette question surgit et s'imposa avec une autorité inattendue, M. de Luynes était dans un état d'accablement qui lui rendait impossible toute étude suivie. Néanmoins, il ne pouvait y rester longtemps étranger, et la recherche des silex et des monuments de l'âge de pierre figura sur le programme de son voyage d'exploration à la mer Morte. Par la même raison, il accorda une subvention à M. Bonucci, pour le livre que ce savant prépare sur les antiquités préhistoriques et celtiques de l'Italie, et il fit graver par M. Sauvageot une douzaine de planches destinées à l'illustration de cet ouvrage. A son retour de Syrie, il provoqua ou dirigea lui-même des fouilles dans l'arrondissement de Rambouillet. Celles qui furent exécutées par ses ordres à la Butte ronde, auprès de Dampierre, produisirent des résultats intéressants. On acquit la certitude qu'un poste romain destiné à surveiller la vallée de l'Ivette avait subsisté en ce lieu écarté depuis le règne de Caligula jusqu'aux derniers temps de l'empire romain, et on y rencontra, associés à des verres, à des poteries de grès, à des terres cuites, à des instruments de fer et de bronze, débris évidents de l'industrie gallo-romaine, des silex taillés et un fragment de grès arrondi qui a dû servir de meule à repasser ou de polissoir. Comme le mamelon sur lequel ces différents objets ont été trouvés est isolé de tous les côtés, il faut admettre ou que ces silex étaient là avant l'établissement des Romains, ou qu'à l'époque de leur complète domination on s'y servait encore d'instruments et d'armes en pierre [1].

Vers le même temps, à l'autre extrémité de la France, d'autres fouilles s'opéraient dans la propriété du duc de Luynes à Valbonne, près d'Hyères, et sous les ruines d'une vieille chapelle consacrée à saint Michel on retrouvait des ossements humains appartenant à la race brachycéphale, entre autres une mâchoire du même type que la fameuse mâchoire de Moulin-Quignon. Parmi les objets qui sortirent de terre se présenta une grande pierre en conglomérat houiller, sur laquelle est sculpté très-grossièrement un homme vu de face, les bras pendants, et portant deux têtes de chaque main [2]; représentation dont les

---

[1] La contemporanéité des instruments de métal et des instruments de pierre ne peut guère être établie avec une certitude absolue que s'ils se trouvent ensemble dans une même couche de terrain non remaniée. Mais l'opinion qui admet la persistance de l'emploi des silex à une époque très-basse tend à prévaloir aujourd'hui; et se fonde sur des observations déjà nombreuses. « Ce qui pourrait confirmer cette dernière hypothèse, dit M. Gory dans sa notice sur les fouilles de la Butte ronde, c'est qu'à l'exposition d'agriculture, qui a eu lieu en 1858, il y avait avec la collection des bois des Ardennes une hache en pierre polie, emmanchée dans un os de bœuf, et qui était désignée ainsi : *outil à décortiquer, actuellement encore en usage dans le pays.* »

[2] Un moulage de cette pierre a été offert par M. de Luynes et M. Gory au musée de Saint-Germain.

analogues se remarquent sur des monnaies et des bas-reliefs de l'époque gauloise. A Saint-Michel de Valbonne, comme à la Butte ronde de Dampierre, des traces évidentes de l'occupation romaine, notamment une dédicace à un dieu Rudiarius ou Rudiatius, ont été mises au jour[1]. La destination pieuse donnée plus tard à cet antique établissement explique comment on y a rencontré une monnaie aragonaise et une monnaie génoise, qui proviennent probablement des pèlerinages dont la chapelle de Saint-Michel était le but.

La recherche des traces laissées sur notre sol par les envahisseurs germaniques fut aussi l'objet des encouragements de M. de Luynes. L'homme qui a le plus contribué à cet ordre de découvertes, qui le premier a su les classer méthodiquement et en tirer des résultats scientifiques, le savant abbé Cochet, en a témoigné plusieurs fois dans ses écrits sur l'archéologie mérovingienne, notamment dans l'introduction de son livre sur le *Tombeau de Childéric Ier* qu'il a dédié à l'illustre antiquaire. Un autre archéologue, M. Dusevel, a décrit *quelques types de l'art chrétien*, dessinés par les soins du duc de Luynes, dans le département de la Somme, tels que le porche de Saint-Firmin, la statue de sainte Ulphe, le petit portail de Saint-Christophe, le portail de la Vierge dorée, la tombe de l'évêque Évrard de Fouilloy à la cathédrale d'Amiens, la statue de sainte Bathilde à Corbie,

---

[1] L'explication des fragments d'inscription trouvés à Saint-Michel est due à M. Léon Renier, membre de l'Institut.

les vantaux en bois de la porte de Saint-Wulfran d'Abbeville, le transept droit de l'église de Saint-Ricquier, l'oratoire d'Isabeau d'Ailly à Mailly. Ces œuvres de l'architecture et de la sculpture picarde avaient fourni à MM. Letellier et Duthoit les sujets d'un grand nombre de belles esquisses qui sont restées en portefeuille. La photographie, en reproduisant plus fidèlement encore et à moins de frais les monuments les plus ornés, est venue opposer aux copies faites par les vrais artistes une concurrence souvent redoutable.

Attiré, comme nous l'avons dit, vers les langues anciennes par la direction habituelle de ses travaux, et vers la philologie orientale par une vocation particulière, M. de Luynes n'avait suivi que de très-loin les études qui ont pour objet d'élucider les origines et d'expliquer la formation de notre vieille langue. Il savait toutefois qu'un mouvement de rénovation de ces études se manifestait énergiquement en France, et qu'un groupe résolu d'érudits français ne voulait plus laisser aux seuls Allemands l'honneur de nous révéler les richesses de nos idiomes romans. Aussi, quand quelques-uns de ses confrères les plus compétents et les plus autorisés en cette matière appelèrent son attention sur le dictionnaire de la langue du moyen âge que prépare M. Frédéric Godefroy, M. de Luynes accorda volontiers son concours à une œuvre qui exige de très-longues recherches et les plus minutieuses révisions. Si l'on songe en effet qu'il s'agit de relever dans les écrits du moyen âge toutes les formes orthographiques des mots qui ne sont plus en usage dans la langue actuelle, de fixer précisément le sens de ces mots, en s'appuyant sur des citations empruntées à une multitude de chartes, de textes littéraires et de documents de tout genre, de suppléer enfin à l'insuffisance aujourd'hui constatée des lexiques de Carpentier, de Sainte-Palaye et de Roquefort, on comprendra sans peine les difficultés d'une pareille tâche, et l'on fera des vœux pour que M. Godefroy, privé désormais d'un appui si nécessaire, rencontre d'autres soutiens qui lui permettent de conduire à bonne fin une œuvre bien lourde pour un seul homme.

Je ne puis mieux terminer cette revue des travaux d'érudition accomplis ou encouragés par le duc de Luynes, qu'en rappelant le souvenir aimable d'une de ses prévenances envers les philologues. Au mois d'avril 1855, dans une séance de l'Académie des inscriptions, il avait demandé avec une grâce infinie à M. Boissonade la permission de se charger des frais d'une édition d'un discours de Lysias que préparait l'éminent helléniste. M. Boissonade avait alors près de quatre-vingt-deux ans, et ce travail ne s'est pas retrouvé dans ses papiers. Mais quand ses deux fils, soutenus par l'expérience consommée de M. Egger, publièrent en 1867 la traduction des odes de Pindare, qu'ils avaient recueillie comme un joyau dans l'héritage paternel, ils se rappelèrent l'offre spontanée du duc de Luynes, et s'empressèrent de lui dédier la nouvelle traduction[1]. Ils choisirent pour épigraphe ce début de la cinquième Pythique : « Bien puissante est la richesse, lorsqu'un mortel sachant l'unir par un don du sort à une pure vertu, la mène à sa suite, elle et les amis qui lui font cortége. » Cette pensée, sur laquelle le vieux poëte grec revient plusieurs fois[2], trouvait ici sa plus complète application, et M. de Luynes, qui aimait à se soustraire à tous les hommages, ne put refuser celui qui lui était adressé au nom de Pindare. C'est très-probablement le dernier livre dont il ait accepté la dédicace, mais je ne répondrais pas que même sous cette forme délicate, l'éloge n'ait point fait quelque violence à sa modestie.

[1] Odes de Pindare, traduction nouvelle par J. F. Boissonade, complétée et publiée par E. Egger, membre de l'Institut. Grenoble et Paris, 1867, in-32.

[2] Notamment dans le passage de la deuxième Olympique que nous avons pris pour épigraphe. Ce passage a suggéré à M. Sainte-Beuve une réflexion qui s'appuie sur une traduction moins littérale peut-être, mais non pas moins exacte que celle de M. Boissonade : « Les anciens aimaient la richesse, ils l'aimaient comme ils aimaient toute chose, en la rehaussant par une idée de grandeur morale et de beauté. On n'a qu'à lire là-dessus l'admirable Olympique de Pindare sur la richesse ornée de talents, et sur ce qu'elle suggère à l'âme de soins relevés et de voies lumineuses à la vertu, à une immortalité heureuse. La richesse ainsi comprise, c'est l'astre éclatant qui luit aux mortels et qui les guide à la vérité. » (*Port-Royal*, t. III, p. 326.)

VI.

Pour bien apprécier chez M. de Luynes l'artiste et le protecteur des arts, il faut le suivre au château de Dampierre, et s'y placer avec lui au centre même de ses affections, de ses études et de ses goûts magnifiques. Dampierre était son lieu de prédilection, il y demeurait la plus grande partie de l'année, plutôt neuf mois que six, et quand il eut adopté sa villa d'Hyères pour son séjour d'hiver, il passait tout l'été à Dampierre, et ne faisait plus à Paris que de courtes apparitions. Ce château est situé à huit lieues de Paris, au fond d'une belle vallée, non loin de la solitude où fut l'abbaye de Port-Royal des Champs : ce qui explique les relations de voisinage et d'estime réciproque entretenues au dix-septième siècle entre Dampierre et Port-Royal par quelques hommes d'élite, austères et studieux. Du Cerceau a donné la description et le plan de l'ancien château possédé d'abord par la maison de Lorraine et qui passa ensuite à la famille de Luynes. Il fut reconstruit en 1667 sur les mêmes fondations par les ordres de Colbert, à l'occasion du mariage de Jeanne, sa fille, avec le duc de Chevreuse, fils du second duc de Luynes. Cet édifice, qui nous paraît un des meilleurs spécimens de l'art de bâtir au temps de Louis XIV, a été restauré de 1840 à 1842 [1], par M. Duban, avec autant de science

---

[1] Le duc de Chevreuse, père du duc de Luynes, ajourna con-

que de goût, sans rien changer à l'ordonnance générale, sans apporter au style des ornements aucune retouche ambitieuse ou maladroite. Bien que par le choix de l'emplacement il puisse mériter le reproche adressé par Saint-Simon à Versailles et à Marly, celui de manquer de vues ou de n'en avoir que d'artificielles, sous les autres rapports il échappe aux critiques de l'historien satirique. L'élégance n'y est point sacrifiée au grandiose, ni l'ordonnance commode à la décoration théâtrale. La cour d'entrée, spacieuse et en pente, est flanquée de deux constructions parallèles que supportent des arcades à jour formant galeries couvertes. Ces constructions, qui ont pour but de masquer les dépendances et les écuries, semblent au premier abord faire corps avec le bâtiment principal, dont elles sont pourtant séparées par un large fossé rempli d'eau courante. On arrive de plain-pied au château par un pont donnant sur une petite cour intérieure, prise comme la cour de marbre à Versailles sur l'épaisseur du bâtiment. Les deux ailes en retour se terminent par deux minces tourelles, et la façade du fond est surmontée d'un fronton de bon goût. L'œil embrasse avec plaisir cet ensemble qui n'a rien

stamment, et jusqu'à sa mort, des travaux qui auraient dérangé ses habitudes et la vie tranquille qu'il menait à Dampierre. Quand M. de Luynes devint libre de faire exécuter cette restauration du château, il n'y affecta dans le principe que la somme de quatre cent mille francs. Ce fut plus tard et par suite des frais que nécessitèrent la reconstruction et la décoration de la galerie où devaient se trouver les peintures de M. Ingres, qu'il fut entraîné dans des dépenses beaucoup plus considérables.

de massif, où l'air circule librement, et où la lumière, ravivée par les tons chauds de la brique, ajoute aux effets de la perspective.

Le château est de forme carrée, à un seul étage; les combles en mansarde, percés de lucarnes alternativement circulaires et quadrangulaires, présentent par leur forme arrondie un aspect moins dur que celui de nos toits aigus. Les deux faces latérales ainsi que la façade postérieure, décorée d'un élégant perron et de parterres fleuris, donnent toutes sur un horizon de verdure agréablement varié, car le parc, dessiné par Lenôtre selon la grande manière du siècle, n'a pas la régularité monotone des jardins de Versailles. Les parties qui avoisinent le château furent longtemps les seules qui fussent taillées et disposées pour le plaisir des yeux; mais les grandes percées et les allées sinueuses que la dernière duchesse de Luynes a fait faire dans la direction de Chevreuse, sur les plans de M. Varé, ont beaucoup contribué à l'agrément et à la variété des promenades. Le reste du parc est une vraie forêt dont les routes suivent toutes les ondulations d'un terrain très-accidenté. Les eaux qui abondent dans la vallée ont été rassemblées pour former de vastes pièces et des canaux qui ont près d'une lieue d'étendue; de là de fréquents brouillards au printemps et à l'automne, sans que pour cela le séjour de Dampierre soit humide ou malsain.

On conçoit la préférence que durent déterminer les avantages de ce beau lieu; mais ici, à l'amour d'un propriétaire pour sa chose était venue se joindre l'affection d'un artiste pour son œuvre. Après avoir restauré son château, M. de Luynes voulut le décorer à l'intérieur avec magnificence, mais toujours dans la direction de ses études favorites, l'histoire et l'archéologie. C'est ce que montrent jusqu'à l'évidence les œuvres d'art qu'il s'est plu à y réunir. Le bas de l'escalier est orné de l'admirable statue en marbre blanc de Pénélope endormie, œuvre célèbre de M. Cavelier, acquise en un temps de détresse générale, mais que M. de Luynes, avec sa délicatesse ordinaire, estima plus haut que le prix fixé par le sculpteur. On passe de là aux appartements du rez-de-chaussée, où se trouve la salle dite de Louis XIII. En s'appliquant dans la restauration de Dampierre à remettre en place tout ce qui se rattachait à la tradition historique, M. de Luynes désira avant tout consacrer par un monument particulier le souvenir du prince qui avait été le bienfaiteur de sa famille. La statue de Louis XIII, ouvrage de M. Rude, est en argent, mais elle se recommande moins par le prix de la matière que par le mérite de la sculpture. Le jeune roi est représenté à l'âge de quinze ans, la tête couverte du feutre à longues plumes, vêtu du justaucorps et du petit manteau de l'époque, botté, éperonné, tenant une baguette à la main, prêt à monter à cheval. La tête, d'un modelé parfait, a été composée avec un désir scrupuleux de ressemblance. L'œil un peu vague, la lèvre épaisse, les contours gras du menton laissent deviner dans l'adolescent l'homme destiné à subir l'ascendant d'autrui. Cette statue est charmante de vie et de mouvement, et c'est presque un tour de force que d'avoir aussi habilement triomphé des difficultés que présentaient l'obligation du costume et l'absence d'action dramatique. Le piédestal en bronze décoré de figurines aux quatre angles [1], le plafond de la salle armorié et peint, les tapis, les tentures, tout cela est d'un luxe princier [2], mais disposé avec tant d'art qu'une lumière graduée en tombant sur la statue n'en fait que mieux ressortir toutes les finesses.

Les autres pièces du rez-de-chaussée, sans égaler les richesses de la salle de Louis XIII, ont la juste proportion d'élégance qui convient à leur destination. Le même esprit s'y montre encore, ni trop ni trop peu; rien de surchargé, rien de mesquin; point d'entassement fastueux dont on s'indemnise par la pauvreté des choses qui ne se voient pas. M. de Luynes n'aimait le fracas ni pour lui ni autour de lui, et l'on ne trouvait pas dans sa maison les traces si sensibles ailleurs d'une vanité d'apparat qui se prend trop aisément pour la vraie dignité. Il préférait réserver aux besoins d'autrui tout ce que pouvait lui coûter un luxe inutile. C'est ainsi que sollicité un jour de convertir en parquet le froid carrelage de la galerie qui lui servait de bibliothèque, à Dampierre, il fit aussitôt le compte prévu de cette dépense, et dit : « Contentons-nous de mettre des

---

[1] L'inscription gravée sur ce piédestal est ainsi conçue : *A la mémoire du roi Louis XIII — Honoré d'Albert, duc de Luynes.* M. DCCC. XLIII.

[2] La décoration de cette salle n'a été achevée qu'à la fin de 1845. Elle a coûté près de quatre-vingt-dix-sept mille francs.

nattes; avec le prix de ce parquet, je pourrai nourrir dix familles l'hiver prochain. »

La décoration de la salle à manger est fort simple. Elle consiste principalement en quatre toiles, œuvres d'un jeune peintre mort aujourd'hui, Adrien Guignet, à qui le duc s'intéressait, et qui aura du moins laissé à Dampierre des traces durables de son talent. Ces tableaux représentent Agar et Ismaël, le festin de Balthazar, la défaite d'Attila dans les champs Catalauniques, et les jardins d'Armide. Le second sujet, du genre tragique, et le dernier, du genre gracieux, sont rendus l'un avec un sentiment énergique, l'autre avec une grande fraîcheur de coloris. N'oublions pas, en parlant de cette salle à manger, le surtout de table en argent repoussé, exécuté par Froment-Meurice d'après les dessins de Feuchère.

Dans le premier salon qui donne sur la cour, on remarque une naïade en marbre, surmontant une fontaine toujours jaillissante, œuvre charmante du milieu du dix-huitième siècle et due au ciseau de L. Vassé. Le second salon, qui donne sur le parc, est revêtu de lambris à médaillons dorés dont les sculptures, prises dans la masse, sont exécutées suivant le goût de la même époque. Sur une console en face de la cheminée, figure une aiguière de grande dimension, dont le sujet décoratif est le combat des Centaures et des Lapithes. Un Bacchus ivre est sculpté sous l'anse formée par un cep de vigne où grimpe un enfant qui s'apprête à exprimer le jus d'une grappe dans la coupe du dieu. Ce vase en argent repoussé fut exécuté en 1847 par un orfévre artiste, M. Vechte, au talent duquel M. de Luynes, dans son rapport de 1851 sur l'industrie des métaux précieux, décerna des éloges mérités. « La composition principale, disait-il en parlant de ce vase qui n'avait pas encore été exposé, est d'un grand caractère et rend le sujet avec un sentiment de l'antique tempéré par la puissance personnelle de l'artiste; le Bacchus rappelle, mais dans les mêmes conditions, le style de Jules Romain [1]. » Ce que M. de Luynes ne dit pas, c'est qu'il avait fourni à M. Vechte le sujet et l'agencement général de la composition; ce qu'il s'abstient surtout de laisser soupçonner, c'est que ce vase, qui avait été payé pour être unique, s'est trouvé reproduit sans son autorisation : ce qui avait fait naître dans son esprit des doutes fâcheux sur la loyauté de l'artiste.

Un large escalier en pierre mène au premier étage, occupé en grande partie par une salle centrale qui prend son jour d'en haut, et est assez vaste pour recevoir une destination grandiose. C'est là que M. de Luynes se proposait de réaliser les magnificences que son imagination d'artiste et d'archéologue avait conçues. Il voulait, suivant le mot si juste de M. Vinet dans un récent article [2], en faire « un sanctuaire du beau ». Ce fut par degrés qu'il fut amené à cette conception; une fois qu'elle eut pris corps dans son esprit, il s'y attacha fortement. On était en 1839, et de tous les

[1] Rapport sur les métaux précieux. Édition de 1854, p. 74 et suivantes.
[2] *Journal des Débats* du 17 avril 1868.

artistes contemporains, M. Ingres lui parut le seul à qui pût être confiée la mission de donner à ce sanctuaire une consécration impérissable par des tableaux dignes d'être comparés à l'Apothéose d'Homère. Il demanda donc au maître, qui était alors directeur de l'Académie de France à Rome, s'il lui conviendrait de peindre les deux parois de la galerie de Dampierre, lui laissant le choix des sujets, pourvu qu'ils se rapportassent à l'antiquité héroïque. M. Ingres accepta cette proposition avec reconnaissance, on peut même dire avec enthousiasme, aussi bien que la rémunération pécuniaire qui lui était offerte pour son travail futur[1]. Dans un voyage qu'il fit à Rome au mois d'avril 1840, M. de Luynes s'entendit avec l'artiste d'abord sur les sujets, puis sur le système de décoration de la salle, enfin sur le mode d'exécution des peintures. Les sujets, pris dans Hésiode, furent *l'Age*

---

[1] Voici la réponse du grand peintre; elle est datée de Rome le 14 septembre 1839 : « Vous me pardonnerez si dans ma position des affaires toujours incompatibles avec mes goûts m'ont empêché de répondre aussitôt que je l'aurais voulu à votre bien honorable lettre, pour vous en remercier et vous exprimer ma vive gratitude pour tout l'honneur qu'elle me fait....... Je suis heureux mille fois que l'homme que j'ai toujours tant apprécié et admiré me distingue à ce point de me mettre dans de si hauts rapports avec sa personne et avec ce qui le touche dans ce qu'il a de plus cher..... Je vous remercie, Monsieur le duc, de ce que vous voulez bien offrir au prêtre qui vit de l'autel. Votre offre est toute généreuse. » Et on lit en marge, de la main du duc de Luynes : « Proposé soixante et dix mille francs pour les *deux tableaux;* ce que M. Ingres accepte ici. »

d'or et *l'Age de fer*. Quant au système de décoration, M. de Luynes renonça à ses propres idées pour adopter celles de M. Ingres, qui, s'inspirant d'exemples pris à la villa Médicis, suggéra lui-même les motifs des ornements à exécuter sur les parois et sur les voûtes. Restait le mode de peinture à employer. Jusqu'alors il n'avait été question que de grands tableaux sur toile. M. Ingres fut séduit par l'idée de peindre ses sujets sur le mur même, et il répondait en cela au secret désir du duc de Luynes, qui n'avait pas osé d'abord s'arrêter à cette idée, en prévision des dépenses que son exécution devait entraîner [1]. En effet, les murailles restaurées, qui suffisaient à l'application de toiles sur châssis, ne pouvaient pas recevoir immé-

[1] On a dit et répété, notamment dans un article de la *Gazette de France* du 18 janvier 1868, « que M. de Luynes voulait acquérir deux tableaux et que M. Ingres *s'obstina à donner deux fresques,* tenant d'autant plus à exécuter des peintures murales qu'il y était novice et s'en croyait capable. » Cela n'est qu'à moitié exact. Il est vrai que M. Ingres demanda à peindre les *tableaux sur place* et s'attacha ensuite à l'idée de peintures murales; mais M. de Luynes s'y prêta d'autant plus volontiers qu'il désirait vivement donner à la décoration de la galerie un caractère de fixité qui assurât la perpétuité de sa destination et au besoin la conservation du château en le mettant sous la protection d'une œuvre d'art adhérente à la construction même. En outre, M. Ingres n'imposa pas deux fresques. Il s'en tint à la peinture à l'huile sur une espèce de stuc, se défiant de son inexpérience en fait de fresque et ne voulant pas avoir constamment auprès de lui un manœuvre chargé de préparer l'enduit. M. Charles Blanc, dans son article de la *Gazette des Beaux-Arts* du 1er avril 1868, a fort bien établi ce point d'après la correspondance de M. Ingres.

diatement des peintures sans qu'on risquât de compromettre l'œuvre par les fissures ou les tassements qui viendraient à se produire. Il fallut donc reconstruire les deux murs de fond en comble, avec des matériaux de choix assemblés de telle sorte que de pareils accidents ne fussent plus à craindre, et comme le château était déjà repris et consolidé dans ses ailes, l'opération, on le comprend, fut aussi délicate que dispendieuse. Ce n'est pas tout. Quand M. Ingres mit pour la première fois le pied dans la galerie qui lui était destinée, qu'il embrassa d'un coup d'œil la décoration des tribunes, des balustres, des soubassements, des frises[1], des cariatides polychromes, il trouva la tonalité générale trop claire, quoiqu'elle fût déjà rehaussée par des effets brillants. « Ne craignez pas d'écraser ma peinture, disait-il, je saurai bien me défendre. » Et pour lui complaire une décoration nouvelle, où sont prodigués toutes les richesses et tout l'éclat de la palette, fut immédiatement entreprise et accomplie. Quant aux peintures de l'escalier, ouvrage de M. Gleyre, elles furent effacées parce qu'on les trouvait médiocres, et nullement parce qu'elles ne se rapportaient plus à la nouvelle ordonnance de la salle, encore moins parce que M. Ingres en aurait demandé, comme on l'a prétendu, la suppression. Celles du plafond et des voussures furent conservées ; les autres, remplacées par des sujets purement déco-

---

[1] Les frises de la galerie, ainsi que les médaillons, sont de Simart.

ratifs, mais dont l'exécution, à mon avis du moins, ne produit pas un effet satisfaisant.

Ces préparatifs et ces changements avaient pris un temps considérable, et M. de Luynes s'était soumis sans hésitation comme sans restriction à tous les désirs du peintre. De son côté M. Ingres, revenu à Paris vers la fin d'avril 1841, y fut retenu par des soins divers et ne put s'établir à Dampierre qu'au printemps de 1843. Le propriétaire de cette belle résidence avait mis à sa disposition l'aile droite du château, au-dessus des arcades et en dehors du bâtiment principal; il entendait que l'artiste y jouît d'une liberté complète et fût absolument comme chez lui. Quand il le recevait à sa table, c'était à titre d'invité et non de commensal habituel; il poussa même la délicatesse jusqu'à le laisser maître absolu de la galerie, sur le désir exprimé par M. Ingres que le duc s'abstînt d'y entrer tant que le travail ne paraîtrait pas digne de lui être présenté. Pendant dix-huit mois M. de Luynes ne se permit donc aucune question indiscrète sur l'avancement de la peinture, à plus forte raison aucune visite prématurée. De son côté, M. Ingres hésitait toujours à lui faire une invitation formelle, et il en était venu à s'impatienter que son hôte respectât si bien la convention qu'il avait lui-même sollicitée et obtenue comme une faveur. « M. de Luynes devrait sentir, disait-il avec une coquetterie un peu naïve, que les artistes sont à ce sujet comme les femmes, et ne se plaignent pas d'être un peu violentés. » Mais plus la démarche était différée, plus elle tendait à prendre un caractère solennel, et par cela même embarrassant. Quelques conseils demandés au début ou même discrètement offerts [1], auraient peut-être mieux valu que cette réserve, qui ne pouvait être longtemps observée de part et d'autre qu'avec une certaine contrainte. M. Ingres, il faut le dire, était arrivé à Dampierre sans études préparatoires suffisantes. L'idée générale de la composition de *l'Age d'or* était plutôt à cette date un produit de son imagination qu'un dessin définitivement fixé par sa main sur un carton. Aussi, quand M. de Luynes vit pour la première fois la peinture, les principaux groupes en étaient posés, mais non reliés entre eux par cette unité de conception qui fait deviner ce que sera une grande œuvre. Il loua plusieurs figures, mais dans l'appréciation de l'ensemble il fut trouvé un peu froid. Les éléments d'une admiration raisonnée, telle que pouvait la ressentir un esprit net comme le sien, ne se dégageaient pas encore entièrement pour lui, après cette longue attente.

[1] M. de Luynes étonnait les gens du métier par la supériorité avec laquelle il savait rendre sa pensée au moyen du crayon, et ne fût-ce que comme artiste, il aurait eu quelque droit à être consulté sur la composition de la peinture qui s'exécutait chez lui et pour lui. D'ailleurs avec son goût excellent en fait de grand art et avec sa science consommée il était capable non-seulement de suggérer le motif d'un beau tableau ou d'une belle statue, mais aussi de donner les indications les plus utiles pour rendre le sujet avec vérité. J'ai ouï dire que des artistes éminents, tels que M. Léon Cogniet et M. Bonassieux, n'hésitent pas à reconnaître quelle était sa compétence en ces matières.

Ce qui peut faire supposer néanmoins que son impression générale fut celle d'une satisfaction peut-être trop contenue, mais réelle, c'est que sa première visite ayant eu lieu vers le mois de novembre 1844, il fit à l'artiste l'année suivante une avance importante sur le prix convenu avec lui [1]. Mais M. Ingres ne trouvait à Dampierre ni sa clientèle ordinaire ni un public dont l'approbation et les éloges réchauffassent une ardeur qui commençait à s'éteindre; ce château perdu au fond d'une vallée qui était encore peu accessible, lui faisait craindre d'y laisser comme enfouie, loin de la vue des connaisseurs, une peinture à laquelle il tenait alors d'autant plus qu'elle lui coûtait plus de peine. En effet l'artiste, comme l'a très-bien dit M. Beulé, « s'essayait dans un genre nouveau pour lui, à un âge que d'autres appellent l'âge du repos. Pendant plusieurs années il travailla avec sa

---

[1] Dans une lettre du 17 novembre 1845, M. Ingres s'exprime ainsi : « Votre homme d'affaires d'après vos ordres m'a remis de suite les vingt mille francs que vous avait demandés en mon nom M. X... Je suis touché de ce prompt effet de votre bien bonne sollicitude pour tout ce qui me touche, et je vous en remercie, Monsieur le duc, avec toute ma reconnaissance et aussi celle de madame Ingres. » Des chiffres exagérés ayant été mis en avant quant aux sommes que M. Ingres aurait touchées pour sa peinture, 40,000 fr. selon les uns, 60,000 selon d'autres, je dois ajouter que d'après les souvenirs des amis de l'artiste, celui-ci n'aurait reçu en tout que ces 20,000 fr.; et c'est en ce sens que la question me paraît tout à fait tranchée par l'acte notarié que M. Charles Blanc a produit dans son travail sur la vie et les œuvres d'Ingres. (*Gazette des Beaux-Arts,* du 1er juin 1868.)

persévérance accoutumée, corrigeant toujours, détruisant l'œuvre de la veille, multipliant les plans, changeant les figures, compliquant les groupes... Le grand seigneur et le grand peintre s'étaient trompés tous les deux. Si l'un n'avait demandé et si l'autre n'avait entrepris que deux toiles exécutées librement dans l'atelier et appliquées ensuite sur les murailles, l'*Age d'or* et l'*Age de fer* auraient peut-être rivalisé avec l'*Apothéose d'Homère*[1]. »

Voilà des raisons qui suffisent bien à expliquer pourquoi M. Ingres laissa inachevée sa composition de l'*Age d'or*, la seule qu'il eût réellement commencée, sans qu'il soit besoin de faire intervenir par supposition des froissements attribuables aux motifs les plus futiles.[2]

---

[1] *Éloge de M. Ingres*, p. 17. Je ne me permettrai qu'une légère réserve au sujet de cette appréciation d'ailleurs parfaitement juste; c'est à propos du mot *demander* qui s'appliquant au duc de Luynes lui attribuerait l'initiative de la proposition des peintures murales. J'ai établi plus haut, page 92, comment les choses se passèrent au début, et comment M. Ingres fut mis à même de choisir le mode d'exécution qui lui conviendrait le mieux.

[2] On a fait une si grosse affaire de ces prétendus froissements, qu'il faut bien en parler ici. M. de Luynes, a-t-on dit, aurait cru déroger à l'étiquette en mettant ses équipages au service de M. Ingres toutes les fois que celui-ci désirait aller prendre le chemin de fer à Versailles, et M. Ingres se serait plaint de ce manque de prévenances. Mais il n'y avait là aucune morgue, car le duc envoyait chercher des visiteurs tout aussi roturiers, et beaucoup moins considérables que M. Ingres; seulement il ne pouvait renouveler à chaque instant cette politesse, n'ayant pour son usage personnel qu'un nombre très-restreint de chevaux et de voitures. Ses parents eux-

Tout au plus pourrait-on soupçonner que l'artiste prenait un peu trop au sérieux l'anecdote de Charles-Quint ramassant le pinceau de Titien, et que M. de Luynes de son côté surexcitait sans le vouloir par ses habitudes réservées une sensibilité qui allait quelquefois chez M. Ingres jusqu'à la passion. Indiquons ces nuances sans y insister pourtant, car il est très-sûr qu'aucune tension appréciable ne s'était produite dans les rapports de ces deux hommes éminents, alors que déjà chez le grand peintre se manifestaient des signes visibles de fatigue. Il faisait à Paris de longs et fréquents séjours, se délassant par des portraits, acceptant des commandes, achevant des travaux de moindre haleine. Avec son caractère impressionnable et souvent bizarre, il passait par des alternatives de tristesse et d'enthousiasme. Une visite d'Ary Scheffer et l'approbation de ce juge redouté le comblèrent de joie. M. Duchâtel, alors ministre de l'intérieur, vint

mêmes prenaient souvent la voiture publique sans se croire humiliés. C'est, il me semble, faire injure à la mémoire de M. Ingres que de penser qu'il ait attaché quelque importance à ce détail et à un autre encore plus vulgaire. Il s'agit des légumes et des fruits fournis d'abord sans frais à la cuisine de madame Ingres, que celle-ci aurait ensuite voulu payer, et qu'elle aurait fini par trouver trop chers. Cette historiette peut être vraie, mais il faut la prendre pour ce qu'elle vaut, et n'en pas tirer cette conséquence singulière que M. Ingres menait à Dampierre une heureuse existence, qu'il offrait généreusement à ses amis les vins de la cave et les primeurs du jardin ducal, et qu'ayant goûté les douceurs de l'âge d'or, il ne réussit pas à les peindre. Cette plaisanterie, que je trouve dans un journal sérieux, est plus spirituelle que juste.

aussi le voir à Dampierre avec un cortége d'amis empressés à lui plaire. Le duc de Luynes ne lui mesurait plus les encouragements[1], et la crise semblait prendre une tournure favorable, puisque l'artiste se fixait à lui-même le terme de deux ans pour l'achèvement de son ouvrage. Ce fut vers cette époque qu'à la suite de quelques observations qui lui avaient été faites sur la nudité de certaines figures, il les retoucha, les violenta même pour ainsi dire, sans pouvoir atteindre à cet idéal de candeur et de pure innocence qu'il lui fut donné plus tard de réaliser dans son délicieux tableau de *la Source*.

La révolution de février 1848, l'exil de la famille d'Orléans, à laquelle M. Ingres avait de si grandes obligations, et son irritation contre le nouvel ordre de choses, peuvent faire comprendre comment il retomba dans le découragement et ne fit plus à Dampierre que de rares apparitions. M. de Luynes, après avoir attendu que cette agitation se fût calmée, voulut sortir d'une incertitude qui ne pouvait plus se prolonger, et alors M. Ingres annonça brusquement qu'il lui était impossible de continuer sa peinture. Mais les amis du maître, s'affligeant eux-mêmes d'un abandon que rien ne justifiait, lui firent comprendre qu'il devait faire un effort sur lui-même, et ils pensèrent qu'un traité en bonne forme remplaçant des conventions purement verbales, lierait davantage le mobile artiste. Par

---

[1] M. Ingres le reconnaît lui-même dans une lettre écrite de Dampierre en novembre 1847, et citée par M. Charles Blanc.

l'acte notarié en date du 4 juin 1849, il fut arrêté que *l'Age d'or* devait être achevé dans deux ans et *l'Age de fer* trois ans après ; que quinze mille francs seraient remis au peintre aussitôt après l'achèvement de la première de ces compositions, vingt mille francs à moitié de la seconde et un solde de quinze mille après l'achèvement complet : ce qui avec les vingt mille francs déjà touchés par M. Ingres représentait les soixante-dix mille francs convenus dès l'origine. Mais ce même acte reconnaissait à M. Ingres la faculté de renoncer à son travail *par des motifs dont il serait seul juge.* Une telle clause, comme le fait remarquer M. Charles Blanc dans sa Vie du grand peintre, annulait à l'avance l'effet du traité. A peine même fut-il conclu, que par une résolution subite dont madame Ingres, loin de l'avoir provoquée, se montra profondément affectée [1], l'artiste annonça à ses intimes l'intention de se prévaloir de cette clause de réserve. La mort inopinée de madame Ingres, survenue le 27 juillet de cette même année, en jetant le mari dans des transports de chagrin, fournit aussi à l'artiste un nouveau motif, cette fois bien légitime, de suspendre encore son travail. M. de Luynes respectant une douleur si

[1] M. Ernest Vinet m'a plusieurs fois raconté qu'à cette époque, ayant rendu visite à madame Ingres, il la trouva dans l'affliction. « Ingres, disait-elle, le grand Ingres, manquer à son engagement ! Je ne m'en consolerai jamais ! » Peu de temps après elle mourut des suites d'une blessure au pied. Je rapporte avec plaisir ce détail si honorable pour la mémoire de madame Ingres, et qui peut bien faire pardonner quelques petitesses.

naturelle et attendant quelque chose du temps, ne témoigna d'abord aucune impatience, puis les mois succédant aux mois sans apporter aucun changement à la situation, il voulut au commencement de l'année suivante savoir enfin sur quoi il lui était permis de compter. Alors le maître lui déclara ou du moins fit déclarer par des intermédiaires assez maladroitement choisis, qu'il renonçait définitivement à sa peinture. La résiliation du contrat passé le 4 juin eut lieu en vertu d'un second acte notarié du 7 mars 1850, par lequel les deux parties reconnaissaient n'avoir aucune répétition à exercer l'une contre l'autre. Mais cette fois M. de Luynes, qui éprouvait un incontestable dommage, se réservait le droit de détruire les peintures commencées, ou de les faire continuer « comme et par qui bon lui semblerait », pour nous servir des termes mêmes de cette pièce authentique.

La rupture était consommée. Le propriétaire de Dampierre restait en présence d'un travail inachevé qui depuis sept ans le tenait comme exilé dans sa propre maison et mettait en interdit cette galerie objet de sa plus vive sollicitude, pour laquelle il avait déjà dépensé près de quatre cent mille francs[1]. Il songea d'abord à faire terminer l'ouvrage par M. Hippolyte Flandrin, l'élève favori de M. Ingres, le Jules Romain du moderne Raphaël. J'ai lieu de croire que

---

[1] C'est le chiffre donné par M. Ch. Blanc, et qui concorde avec mes renseignements particuliers.

la proposition fut faite, mais que M. Flandrin se récusa. Fallait-il donc effacer la peinture puisqu'il n'y avait plus de retour possible de la part du maître, et que ceux qui avaient sa tradition refusaient d'achever son travail? On a dit que M. Ingres aurait vu sans regret « anéantir un essai qu'il ne jugeait point digne de sa gloire [1] ». Mais ses admirateurs n'eussent pas été de cet avis, et le public, souvent enclin à la malveillance, n'eût pas manqué de dire que l'œuvre détruite était précisément celle qui méritait le plus de regrets. M. de Luynes ne crut pas lui-même qu'il dût aller jusqu'à user rigoureusement de son droit. Il eut seulement la pensée de faire détacher la peinture du mur et de la reporter sur toile pour l'offrir à quelque musée. C'était un moyen honorable de rentrer dans sa liberté entière. Malheureusement le peu d'épaisseur de la préparation et de la peinture elle-même opposa à cette bonne intention un obstacle qui fut déclaré insurmontable par les gens spéciaux. Il fallut se résigner à garder une ébauche dont l'insuccès compromettait toute la création de ce sanctuaire du beau, et faisait évanouir le rêve si longtemps caressé du grand seigneur artiste. Le duc fit couvrir la peinture de deux rideaux de velours cramoisi, qui ne se tiraient devant les visiteurs qu'avec son autorisation spéciale. Les connaisseurs y remarquent de belles parties, déparées par des taches que M. Ingres a reconnues lui-même. La composition en est simple : ce sont

---

[1] *Éloge de M. Ingres*, par M. Beulé, p. 17.

des groupes d'hommes, de femmes et d'enfants nus que domine la figure d'Astrée vêtue de larges draperies. Le tout se détache sur un grand fond de paysage au milieu duquel flottent deux génies ailés ou figures volantes. L'effet général ne manque point de grandeur, mais ne répond qu'imparfaitement, selon mon humble avis, à l'idée morale que les anciens se faisaient de l'âge d'or et que leurs poëtes nous ont transmise. Quant à la couleur, soit qu'elle ait été trop remaniée par la brosse, soit qu'elle ait perdu à n'être plus en contact avec la lumière, elle a pris des tons lourds qui nuisent à la délicatesse des figures. Voilà sur cette affaire, qui a donné lieu à tant de récits et de commentaires hasardés, la vérité telle que j'ai pu, sans me fier à mes seuls souvenirs, la recueillir de la bouche des témoins les mieux informés, ou l'établir d'après les documents que M. Charles Blanc a le premier fait connaître. Car de leur vivant ni M. de Luynes ni M. Ingres n'aimaient qu'on les entretînt de ce pénible sujet, et c'est pour cela qu'il est resté longtemps dans une sorte d'obscurité qui a pu donner lieu aux interprétations les plus opposées.

Dans cette même galerie, en avant des rideaux qui cachent la peinture de M. Ingres, se dresse, sur un piédestal de marbre blanc orné de bas-reliefs, la statue de Minerve en ivoire et en métal, exécutée par Simart d'après les indications de M. de Luynes. C'est une reproduction réduite au quart environ de ce qu'était ou de ce qu'on pense avoir été, suivant les descriptions des anciens, la célèbre Minerve du

Parthénon, chef-d'œuvre de Phidias. On sait que la déesse était représentée casquée, vêtue de la tunique spartiate ou du péplus, portant dans une main la statue de la Victoire, tenant de l'autre la lance et s'appuyant sur un bouclier d'or où était figuré le combat de Thésée contre les Amazones. Présentée au public à l'Exposition universelle de 1855[1], où elle était dans un mauvais jour, la *Minerve* de Simart fut l'objet d'assez vives critiques. Est-il vrai que la composition en soit lourde et surchargée, et que cette restauration n'ait été pour le grand seigneur archéologue qu'une coûteuse fantaisie? Je ne sais si toutes les conditions de l'art de la statuaire ont été remplies, et ne serais pas apte à en décider. Mais à mon sens, cette statue produit un effet puissant. Placée maintenant sous le jour et dans le milieu qui lui conviennent, la pâle déesse d'ivoire se détache énergiquement du cadre à la fois éclatant et doux qui l'entoure. Son regard sévère vous suit et vous domine, on dirait qu'une flamme intérieure anime cette roideur majestueuse, qu'une force secrète va se révéler et communiquer le mouvement à ces plis immobiles. Ce qui frappe enfin, c'est la figure, et l'œil ne s'arrête qu'après sur les ornements qui la décorent; elle n'en est donc pas écrasée. Quant à l'exactitude de la restauration, d'autres plus compétents en ont dit leur avis, et ont reconnu qu'elle avait été conçue dans

[1] Une première médaille y fut donnée à Henri Duponchel, qui avait exécuté la statue en matières précieuses. Ce travail est évalué à plus de deux cent mille francs.

le vrai sentiment du modèle antique. Nul ne peut se flatter, en fait de restitution, d'être arrivé à la précision absolue, mais la Minerve chryséléphantine restera une tentative unique en son genre, et offrira un spectacle attachant à la postérité.

Sur la paroi longitudinale faisant face à celle où se trouve la peinture de M. Ingres devait être représenté *l'Age de fer*, sous forme d'un combat livré dans une acropole pélasgique. Il n'y a d'ébauché, pour marquer l'intention de la composition future, que l'architecture du temple et de son enceinte. M. de Luynes y fit appliquer une autre tenture de velours cramoisi[1], à laquelle il suspendit la panoplie qui avait fait longtemps l'ornement de son cabinet de Paris. On y remarquait entre autres belles pièces, des armes orientales d'un travail exquis, notamment une grande épée de tournoi attribuée par les uns au dernier roi arabe d'Espagne, Boabdil, par les autres à son fils Youssouf, mais qui porte seulement sur des plaques émaillées la devise bien connue : *Il n'y a de victoire qu'en Dieu*[2]. Au-dessous de cette panoplie étaient exposées sur une table trois coupes à anses en matière précieuse; la première en saphir, la deuxième en cristal de roche, la troisième en jaspe sanguin,

---

[1] C'est peut-être là ce qui a donné lieu au faux bruit que des clous avaient été mis dans la peinture de M. Ingres.

[2] M. de Luynes donna plus tard cette épée à la Bibliothèque impériale avec sa collection d'antiquités, comme on le verra plus loin, page 119.

toutes trois servant de support aux ornements les plus délicats[1]. Ces bijoux ont été exécutés par M. Morel. Enfin, au fond de la galerie, vers la baie qui donne sur le parc, et se détachant sur l'un des magnifiques rideaux fabriqués à Lyon par M. Yemenès, se trouve placé un Mercure de bronze coulé, d'après un antique du musée de Naples.

Parmi les autres curiosités qui sont conservées à Dampierre, mais qui ne sont pas montrées aux visiteurs, nous devons signaler une grande broderie en soie écrue sur toile de coton de l'Inde, ayant pu servir à recouvrir un lit de parade, et qui est à la fois un objet d'art et un monument historique. Elle représente des sujets de guerre et de chasse ; les guerriers et les chasseurs sont vêtus à la mode de la fin du seizième siècle ; les animaux, éléphants, rhinocéros, lions, tigres, orangs-outangs, singes de moindre taille, sont rendus avec une vérité surprenante. M. de Luynes ayant remarqué des légendes portugaises dans les enroulements qui entourent les sujets de cette broderie, la communiqua à l'homme qui, de nos jours, connaît le mieux la langue, l'histoire et les découvertes des Portugais, à M. Ferdinand Denis ; ce savant, à son tour, y reconnut une œuvre exécutée dans le goût indien par les dames portugaises de Malacca, et offerte par elles à don Hurtado de Mendoça, qui fut le dernier et l'héroïque défenseur de

---

[1] M. de Luynes a légué par testament deux de ces coupes à deux de ses parents.

l'empire hispano-portugais dans les Indes. Restait à savoir comment cette broderie était arrivée en France. En relisant les voyages de Jean Mocquet, qui s'intitule dans son livre garde des curiosités du Roi, M. Denis vit que ce naturaliste, lequel était aussi médecin, avait assisté Mendoça dans la maladie dont il mourut, pendant son retour de Goa en Europe, et avait même ouvert et embaumé le corps de ce grand capitaine. Il conjectura, non sans vraisemblance, que Mocquet avait reçu cette broderie en récompense de ses soins, et qu'il avait pu en faire présent soit à Louis XIII, soit à quelque personne de la cour[1]. Cette explication parut si plausible au duc de Luynes qu'il avait formé le projet de faire reproduire par la gravure photographique ce curieux monument et de le publier avec un commentaire qu'il aurait demandé au zèle infatigable de M. Ferdinand Denis[2].

Nous ne pouvons quitter Dampierre sans parler de l'église du village, que M. de Luynes fit restaurer et peindre intérieurement, suivant l'usage adopté au moyen âge, ni surtout de la chapelle funéraire attenant au côté gauche de la même église. Cette chapelle, construite de 1855 à 1862 par M. Debacq, en collaboration avec M. Charles Garnier, n'est pas un monument sans mérite. Le duc de Luynes, qui la

---

[1] Cette tapisserie provient du château d'Esclimont, en Beauce, qui fut longtemps la propriété de la famille de Luynes, après avoir été la résidence du chancelier de Chiverny et du surintendant Claude de Bullion.

[2] Lettre du 21 février 1865.

destinait à la sépulture de sa famille, voulut, selon son habitude, la décorer avec une simplicité noble et sans aucune ostentation de faste. Ce petit édifice est de forme rectangulaire et de style ogival. A la frise, sur les côtés latéraux, est répétée deux fois l'antienne de l'office des morts : *Requiem æternam dona eis, Domine, et lux perpetua luceat eis.* Au fond, au-dessous du vitrail peint par feu Lobin, de Tours, on lit cette funèbre sentence : *O mors, quam amara est memoria tua.* Au milieu de la chapelle, sur une plaque de bronze ajourée, ménagée dans le plafond du caveau, est gravée l'inscription suivante : HONORATUS DE ALBERTIS DUX LUYNENSIS SIBI SUISQUE VIVIS DEFUNCTIS ET POSTERIS FACIENDUM CURAVIT QUIBUS PAX DOMINI TRIBUATUR ÆTERNA. ANNO DOMINI M DCCC LXII. Adossé au mur de droite, se trouve un cénotaphe surmonté d'une belle statue couchée en marbre blanc, représentant la duchesse de Luynes. Cette statue est l'œuvre de M. Bonnassieux. A gauche, est pratiqué l'escalier qui descend à la crypte. A l'entrée, et sous la grille qui sépare la chapelle de l'église, on lit sur le pavement : *Orate pro defunctis et pro F. Debacq, architecto.* Par une attention délicate, M. de Luynes avait voulu que l'architecte investi depuis si longtemps de sa confiance et de son amitié signât au moins une fois une de ses œuvres, celle surtout qui l'associait aux plus intimes souvenirs de la famille. Le duc fit ramener de Paris, de Lyon, de Picpus, dans la crypte de la chapelle de Dampierre, les restes de son grand-père[1], de sa mère[2], de sa première femme, pour les réunir à son père, à son frère, à son fils, à sa seconde femme, et lui-même y repose à son tour au milieu d'eux.

Ce fut aussi M. Debacq qui, de 1850 à 1857, présida aux réparations du château de Châteaudun, ancien édifice tout rempli du souvenir des Dunois et des Longueville. La vaste étendue des constructions et leur état de délabrement ne permettaient pas, même au duc de Luynes, d'entreprendre la restauration d'ensemble d'un monument d'âges et de styles divers, qui se recommande autant par son admirable situation que par les beautés de son architecture. Son propriétaire y consacra du moins une somme annuelle suffisante pour réparer à l'extérieur les parties les plus endommagées, et il s'attacha surtout à rétablir dans son ancien état l'intérieur de la chapelle, qui offre un spécimen intéressant du système décoratif en vogue au quinzième siècle. M. Debacq s'acquitta de cette tâche avec le goût sévère et le soin scrupuleux qu'il apporte à tous ses travaux.

Le même artiste fut encore chargé de construire à Hyères cette villa Alberti où M. de Luynes, qui redoutait chaque hiver les atteintes d'une maladie des

---

[1] Le duc de Luynes, sénateur du premier empire, mort en 1807 et enterré au Panthéon.

[2] La duchesse de Chevreuse, dame d'honneur de l'Impératrice Joséphine, puis exilée par Napoléon 1er, qui voulait la punir de sa noble fierté, résida successivement à Tours, à Caen, à Lyon, à Milan; elle revint mourir à Lyon en 1813.

bronches, alla constamment depuis 1858 chercher la santé sous un climat plus doux. Il s'y était fait une charmante retraite, abritée contre le vent du nord, entourée de verdure et en face d'une mer resplendissante de soleil. Cet asile allait le recevoir encore au mois d'octobre de l'année dernière et l'aurait conservé sans nul doute à l'amour des siens et aux vœux de ses amis, si une pensée de dévouement ne l'eût entraîné à ce dernier voyage de Rome d'où il ne devait pas revenir vivant.

VII.

Confiné dans la retraite depuis la mort de sa femme, le duc de Luynes semblait avoir rompu avec le monde et renoncé à la vie active. Son patronage restait toujours assuré aux publications commencées sous ses auspices, et l'année 1862 notamment vit encore paraître le *Cartulaire municipal de Saint-Maximin*, par M. Rostan; le *Cartulaire de l'abbaye de Notre-Dame de la Roche*, par M. Moutié; la dissertation de M. Romano sur des *monnaies d'Agathocle trouvées en Sicile*, et le *Voyage archéologique dans la régence de Tunis*, résultat fructueux d'une mission intrépidement remplie par M. Victor Guérin. Mais personnellement le savant académicien ne produisait plus aucun ouvrage; il se tenait même éloigné des séances et des commissions de l'Institut, où ses confrères regrettaient d'être privés par son absence de l'utile concours qui jusque-là ne leur avait jamais fait défaut. M. de Luynes se recueillait; rempli de graves pensées, il voulait, avant de quitter une vie à laquelle il ne tenait plus, rendre encore quelques signalés services à ses concitoyens et à la science. Vers la fin de 1862, on apprit qu'il faisait don de ses magnifiques collections à la Bibliothèque impériale, et bientôt après le bruit se répandit qu'il se préparait à entreprendre un grand voyage d'exploration à la mer Morte. Personne ne se trompa sur ses intentions; il voulait assurer de son vivant au public la jouissance des belles œuvres réunies par ses soins, et, libre d'un engagement pris depuis longtemps avec lui-même[1], risquer ce qui lui restait de force et de santé à la poursuite d'un but scientifique. La donation pouvait paraître un testament dont le voyage était comme le codicille.

Ce fut le 26 juillet 1862 que M. Anatole Chabouillet, conservateur du cabinet des médailles et antiques à la Bibliothèque impériale, reçut le premier avis d'un acte de libéralité dont il ne pouvait soupçonner encore toute l'étendue. « Devant aller passer à Paris la journée du 31 juillet, lui écrivait le duc, je prends la

---

[1] Du vivant même de son fils, M. de Luynes avait manifesté l'intention de donner ses collections à l'État. Le jeune duc de Chevreuse fut surpris un soir par l'auteur de cette notice, comme il était plongé dans l'étude d'un livre de numismatique : « Vous le voyez, dit-il en riant, je m'essaye au métier d'antiquaire. Je voudrais montrer à mon père que je suis digne autant qu'un autre de *conserver* ses médailles. »

liberté de vous demander si ce jour-là vous pourriez me recevoir soit chez vous, soit au cabinet des médailles; j'aurais à vous soumettre une proposition que je crois importante et avantageuse pour les collections confiées à vos soins, et qui par là même devra vous être agréable. » M. de Luynes avait déjà donné au cabinet, en 1843, la coupe sassanide d'argent doré attribuée par les uns à Firouz, par les autres à Sapor II; en 1845, un rare demi-statère d'or d'Athènes; en 1850, un *aureus*, aussi fort rare, de Julie, fille de Titus; enfin, en 1858, la copie antique en pâte de verre d'un camée dont l'original en pierre dure est conservé au cabinet. Ces dons partiels, bien que précieux, étaient peu de chose en comparaison de la surprise qui attendait le savant et zélé conservateur. Dans l'entrevue, qui eut lieu, comme on le pense bien, à l'hôtel de Luynes, le duc, sans quitter son attitude habituelle de calme désespoir, lui dit d'un ton qui annonçait un complet détachement de la vie : « Je n'ai pas ouvert mon médaillier depuis le malheur qui m'a frappé. Je n'ai plus de goût à rien pour moi-même, mais j'aime toujours mon pays. Je désire que mes collections lui soient acquises et qu'elles puissent dès maintenant servir à tous. Si plus tard le goût de ces choses-là vient à mes petits-enfants, eh bien, ils feront comme moi. Je suis heureux de penser que je vais aider le cabinet de France à se maintenir au premier rang qu'il a si longtemps occupé en Europe, et que l'or anglais s'efforce de lui enlever. Je m'abuse peut-être, mais il me semble que ce supplément lui donnera de l'avance dans cette lutte. Je veux donc lui faire don non-seulement de mes médailles, mais aussi de ma collection d'antiques et de pierres gravées, conformément au titre officiel que porte cette belle création du roi Louis XIV. Votre établissement est unique au monde, surtout par le choix de ses statuettes de bronze et de ses camées. J'aime à me persuader que ce que j'y ajouterai, si l'on veut bien accepter mon offre, en augmentera encore la valeur. » Puis, se levant avec effort, il offrit à son interlocuteur de faire avec lui une revue complète de ses collections. En ouvrant son médaillier, il parut ému; mais peu à peu, le savant, le dilettante, l'artiste se réveillèrent chez l'époux affligé, et il finit par sortir de son état de prostration pour s'abandonner à une causerie numismatique et archéologique du plus vif intérêt [1].

Le duc avait recommandé à M. Chabouillet le plus profond silence sur la confidence qu'il venait de lui faire, désirant que son projet ne fût connu qu'à l'état de fait accompli, irrévocable; il l'avait chargé en même temps de consulter un notaire expérimenté sur les formes à observer pour que la donation demeurât inattaquable après lui, et pour qu'elle fût aussi respectée par l'État dans les termes où il offrait de la faire. Ces termes, qui donnent si parfaitement la me-

---

[1] J'ai à peine besoin d'avertir que je dois ces détails intimes et ceux qui suivront aux obligeantes communications de mon confrère et ami M. Chabouillet, qui a pris note des incidents de la négociation à mesure qu'ils se produisaient.

sure de son exquise libéralité, nous les avons sous les yeux, et l'on nous saura gré de les transcrire ici. « Si ce don est agréé, disait-il, je demande pour seule condition que l'État ne mette à ma charge ni les frais d'actes ni les droits de mutation. J'exprime le désir : 1° que ma collection soit reçue et installée seule dans un local séparé, convenablement disposé, et dans un délai fixé d'accord avec moi ; 2° qu'elle ne soit jamais mêlée ni confondue avec aucune autre, et porte le nom de *Collection de Luynes;* qu'elle ne puisse être diminuée d'aucune des pièces qui la composent, ni accrue d'autre chose que des dons faits par moi ou mes descendants et acceptés par les conservateurs ; 3° que je conserve la faculté de faire dessiner quand je le voudrai les objets formant cette collection, de prendre ou faire prendre des empreintes des médailles ou pierres gravées, ainsi que de relever le poids des premières, le tout avec le concours des employés du cabinet, et de publier les descriptions et catalogues qu'il me plairait de tout ou de partie de cette collection ; 4° que cette faculté ne soit pas exclusive en ma faveur, mais au contraire qu'elle soit accordée aux savants et aux artistes, comme elle l'est ou le sera pour la collection principale conservée au cabinet des médailles. »

Rien n'était plus juste que l'unique condition posée par le duc de Luynes, car pour tout le reste il ne manifestait qu'un simple désir. Ce n'était pas pour économiser une centaine de mille francs qu'il stipulait cette réserve, mais parce qu'il trouvait ridicule qu'un donateur pût être tenu de payer à l'État pour un don gratuitement et spontanément offert à l'État lui-même ; il alléguait l'exemple de ce riche amateur qui ayant fondé un prix de vingt mille francs en faveur d'une compagnie savante, fut obligé de payer cinq mille francs en sus, sous peine s'il s'y était refusé de voir diminuer sa fondation. Cette clause, depuis la mort de M. de Luynes, a donné lieu à un débat public qui a établi, contrairement aux assertions d'un journaliste [1], que le généreux bienfaiteur n'avait rien eu à débourser ni pour les droits d'enregistrement, ni même pour les frais d'acte, qui ont été supportés par la Bibliothèque impériale.

Au commencement de septembre, l'administrateur général de ce grand établissement, M. Taschereau, eut par M. Chabouillet communication de la grande nouvelle, qui lui fut confirmée dans une visite que le duc voulut lui faire en personne. M. Chabouillet commença aussitôt l'inventaire des collections, et quand il eut fait part à M. de Luynes, alors à Tours, du résultat, trop faible à ses yeux, de l'estimation de la série des médailles seulement, il reçut de lui la réponse suivante : « J'aurais souhaité que sa valeur fût encore plus grande pour la rendre plus digne d'accroître le célèbre cabinet confié à votre garde ; mais je vous remercie de ne lui avoir attribué que le prix réel qu'elle peut avoir, et vous prie instamment de faire de

---

[1] Voir le feuilleton de la *Gazette de France* du 18 janvier 1868, et la réponse de M. Taschereau dans le *Moniteur* du 25 janvier.

même pour le reste. Il est, à mes yeux, d'une puérile et sotte vanité de grossir l'évaluation de ce qu'on donne, et d'ailleurs votre conscience de fonctionnaire public et responsable ne vous permet pas autre chose que ce dont vous ne devez avoir aucun regret. » Le chiffre des estimations partielles ne monta qu'à la somme de 1,224,904 fr. Mais ce total, composé d'additions successives, est loin de représenter la valeur que peut offrir l'ensemble par la juxtaposition des pièces rares. C'est ce qu'avait fait remarquer M. Chabouillet dans sa lettre au duc, et ce que plus tard M. l'administrateur général n'a pas hésité à déclarer dans l'acte même de donation, où il est dit : « M. Taschereau croit devoir faire connaître que, suivant son appréciation personnelle, cette estimation est restée fort au-dessous de la valeur réelle; qu'elle a été faite pour chaque objet en particulier au prix du commerce actuel des médailles et des antiquités, à la demande de M. le duc de Luynes, mais que la réunion de tous ces objets en collection ajoute notablement à leur valeur. »

La collection, au moment où elle fut donnée, se composait de médailles antiques, celtibériennes, gauloises, grecques et phéniciennes; d'un trésor de monnaies romaines trouvées à Arbanats en janvier 1860; de camées et pierres gravées, cylindres et bijoux antiques; de bronzes grecs, romains et étrusques; de vases peints grecs et étrusques, de terres cuites grecques et étrusques; d'un torse antique de femme en marbre blanc, de figures en pierre cypriotes et phéniciennes, de figurines égyptiennes et de papyrus égyptiens, d'inscriptions grecques et cypriotes; de poids grecs et phéniciens; d'un oliphant en ivoire sculpté, avec ses deux enveloppes en cuir, dont une aux armes de France et de Castille, et de divers autres objets qui seront décrits avec tout le reste dans le catalogue détaillé que l'on prépare et que doit publier la Bibliothèque impériale[1].

L'acte de donation fut signé par M. de Luynes le 28 octobre et muni de l'acceptation provisoire de M. Taschereau. Le 30 novembre fut rendu le décret impérial qui, sur l'avis du conseil d'État, autorisait l'acceptation définitive. Sans attendre l'accomplissement des dernières formalités, une note insérée au *Moniteur universel* du 3 décembre 1862 signala au public cette grande et patriotique générosité[2], et les

---

[1] Il existe des collections de Luynes deux inventaires manuscrits; l'un, sommaire, qui a servi à l'estimation; l'autre, descriptif complet, et en outre une notice publiée à la fin de 1867, mais qui contient seulement la description des objets d'antiquité.

[2] Jamais don pareil n'a été fait en France à une collection publique. En effet, d'après la note du *Moniteur,* on compte dans les collections de Luynes :

6893 médailles antiques;
  373 pierres gravées, camées et intailles, y compris les cylindres, les cônes et autres pierres de travail oriental;
  188 bijoux d'or;
   39 statuettes de bronze;
   43 armures et armes antiques;
   85 vases peints de travail grec et étrusque;

et un grand nombre d'autres monuments de nature diverse.

remercîments de la Bibliothèque impériale furent consignés dans le procès-verbal de la séance du comité consultatif du 10 décembre 1862. Voici les termes de la partie de ce document qui concerne la donation de Luynes; on n'y saurait rien ajouter : « L'importance exceptionnelle de ces collections, le goût si hautement éclairé, et la science archéologique si sûre avec lesquels les objets dont elles se composent ont été choisis et classés, la noblesse des procédés dont il a plu à M. le duc de Luynes d'user pour assurer au public savant la possession de ces trésors, en un mot, tout ce qui a trait à la valeur même des monuments offerts et à la libéralité du donateur, est apprécié avec la plus vive gratitude par M. l'administrateur et par les membres du comité. Tous renouvellent l'expression des sentiments que leur avait inspirés dès l'origine la nouvelle de ce véritable événement; tous s'accordent à reconnaître que le don fait par M. le duc de Luynes surpasse en magnificence les dons particuliers les plus précieux qui depuis deux siècles sont venus successivement enrichir la Bibliothèque, et qu'il aura été réservé à un savant de notre époque d'enchérir encore sur les généreuses traditions et les exemples patriotiques des Dupuy, des Gaignières et des Caylus. » Cet extrait, écrit de la main de Pilinski et orné de dessins représentant quelques-uns des objets donnés, fut revêtu de la signature de tous les membres du comité et envoyé à M. de Luynes, qui résidait alors à sa villa d'Hyères.

Déposées provisoirement, faute d'un local suffisant,

dans l'ancien cabinet des médailles, le 3 mars 1863, les collections de Luynes ne purent recevoir qu'en 1865 un aménagement plus convenable et plus conforme au désir exprimé par le donateur. Malgré toute la bonne volonté de l'administration, le délai de deux ans et demi convenu de gré à gré entre le duc et la Bibliothèque était expiré lorsqu'on se décida à transférer le cabinet des médailles de l'arcade Colbert où il était depuis 1741, dans les bâtiments neufs donnant sur la rue de Richelieu. Une salle spéciale, portant le nom du donateur, y avait été réservée pour les collections de Luynes, qui y furent installées au mois d'octobre de cette année. M. Chabouillet se rendit à Dampierre pour prier le duc de venir voir si tout était arrangé à son gré, et celui-ci lui montrant dans sa belle panoplie le merveilleux sabre qui avait appartenu à l'un des derniers princes maures de Grenade, promit de le lui porter à sa prochaine visite. Il vint en effet, le 11 octobre, bien avant le public, qui ne fut admis qu'un mois après, et à son entrée il remit cette pièce unique à M. Chabouillet, en lui disant avec un de ces sourires qui éclairaient bien rarement ses traits profondément altérés : « Monsieur, je vous rends les armes. » Dès sa première visite, il voulait ainsi user du droit qu'il s'était réservé d'enrichir encore par de nouveaux présents la salle qui portait son nom. Il passa deux heures à l'examiner, la trouva parfaitement disposée, et en exprima sa satisfaction à plusieurs reprises; mais comme on parlait de la décorer de son buste, il déclina cet honneur, au moins de son vivant. Nous devons rappeler, après M. Taschereau, que loin de regretter l'acte de munificence sans pareille qu'il avait accompli, « M. de Luynes avait fait spontanément chaque année des sacrifices considérables pour rendre plus complètes et mettre, s'il se pouvait, en état meilleur encore, les magnifiques collections dont il avait enrichi la Bibliothèque. » Ajoutons seulement que lorsque le cabinet des médailles recevra l'établissement définitif qui lui est promis dans une autre partie de la Bibliothèque (à l'angle des rues Colbert et Vivienne probablement), la salle de Luynes obtiendra aussi une installation encore mieux appropriée à l'importance des collections qu'elle renferme.

Voilà comment ces trésors ont été conservés à la France dans leur intégrité. Les amis de la science s'en sont réjouis, et si ce noble exemple avait beaucoup d'imitateurs, on n'aurait pas la douleur de voir des collections formées avec autant d'intelligence que de goût dispersées après la mort de leurs possesseurs. Le résultat probable de ce grand acte de désintéressement dut néanmoins inspirer quelques regrets aux admirateurs du duc de Luynes; on pouvait craindre qu'après l'abandon de ses collections, l'illustre donateur ne renonçât entièrement à des études qui avaient fait faire tant de progrès à l'érudition, et qu'il cultivait depuis trente ans. En effet, il ne se livra plus à des recherches suivies, il n'écrivit plus de mémoires en vue d'expliquer les monuments dont il s'était généreusement dessaisi en faveur du public. Mais pendant qu'on travaillait à Paris à l'installation de ses collections, il trouvait le moyen de servir encore la science d'une autre manière et sur un plus lointain théâtre.

VIII.

De tout temps, mais surtout de nos jours, les pays qui furent le berceau de nos traditions religieuses ont exercé une action puissante sur l'imagination des hommes, et l'on a voulu aller étudier sur les lieux mêmes le premier développement de ces croyances, qui sont devenues comme le fonds commun des civilisations modernes. Le duc de Luynes, en particulier, devait céder à cet attrait mystérieux qui s'attache aux origines historiques. Déjà en 1841 il avait entrepris en Égypte un grand voyage qu'il fut obligé d'interrompre par suite d'une maladie qui avait mis ses jours en danger. Cette fois, la faiblesse de sa santé n'était plus capable de l'arrêter; il voulait avant tout faire un effort sur lui-même; mais la pente de son esprit, la direction et en quelque sorte l'idée maîtresse de ses anciennes études, l'entraînaient aussi vers ces terres bibliques que venaient de parcourir avant lui nos savants compatriotes MM. de Saulcy, de Vogüé, Waddington, sans oublier le jeune et hardi voyageur M. Guillaume Rey. Suivant ses idées toujours sérieuses et pratiques, M. de Luynes ne pouvait que se tracer un programme judicieux et simple. De concert avec M. Vignes, lieutenant de vaisseau, M. Lartet, aide-naturaliste au Muséum, M. Combe, docteur en médecine, il se proposait d'explorer la mer Morte, les montagnes qui l'entourent et le désert de l'Arabah qui lui fait suite au sud; d'étudier l'hydrographie du bassin de cette mer, de reconnaître si elle a pu jamais communiquer avec la mer Rouge, de réunir enfin des observations utiles sur l'archéologie, l'histoire naturelle et l'ethnographie des régions voisines. Sauf la construction d'une embarcation spéciale destinée à naviguer sur la mer Morte, il n'y avait dans le plan ainsi conçu rien d'extraordinaire, rien qui pût justifier les récits fantastiques qu'avait brodés à l'avance l'imagination des nouvellistes. Le public était dans l'attente. Cette attente n'a pas été et ne sera pas déçue; seulement, elle n'a été et ne sera satisfaite que dans la mesure du possible et du vrai.

Dès son arrivée à Beyrouth, le 24 février 1864, M. de Luynes commença ses explorations par l'étude des cavernes ou brèches osseuses signalées depuis longtemps par M. Botta, particulièrement de celle d'où sort le fleuve du Chien (l'ancien Lycus). Il s'achemina ensuite vers Jérusalem par Nazareth, Sebastieh (l'ancienne Samarie) et Naplouse, et rejoignit dans la ville sainte le matériel de voyage, débarqué à Jaffa. M. Vignes constata avec joie que les caisses renfermant les diverses parties de la barque destinée à l'expédition maritime n'avaient pas trop souffert dans la traversée [1]. Il voulut en surveiller lui-

[1] Cette barque avait été construite avec autant d'intelligence que de promptitude dans les ateliers des *forges et chan-*

même le transport par des routes étroites et difficiles, de Jérusalem à Jéricho et de Jéricho à la mer Morte. Pendant le transport de Marseille à Jaffa, la chaloupe et son armement composaient trente colis du poids de quatre mille deux cents kilogrammes. Trente-cinq autres colis pesant deux mille cinq cents kilogrammes renfermaient les vivres, les instruments et les appareils de toute sorte. On comprend la difficulté qu'il y avait à transporter à dos de chameaux, depuis Jaffa jusqu'à Jérusalem, et de là jusqu'à la mer Morte, un matériel aussi encombrant. Chaque tranche de l'embarcation consolidée par un système intérieur de charpente formant bât, avait pu être renversée sur le dos d'une bête de somme. Mais comme la largeur de cette tranche dépassait souvent de beaucoup celle d'une route très-encaissée, il fallait la décharger et lui faire franchir l'obstacle à force de bras. Qu'on

tiers de la *Méditerranée*, à la Seyne. Elle était en tôle et mesurait neuf mètres cinquante centimètres de long, sur deux mètres quatre-vingts centimètres de large et un mètre vingt centimètres de creux. Elle était divisée en huit tranches unies par des boulons, avec interposition de caoutchouc. Des caissons de soixante-cinq centimètres de largeur établis de bout en bout sur chaque côté contenaient les vivres et autres objets délicats, et supportaient à l'arrière quatre couchettes pour les membres de l'expédition. Un demi-pont partant du centre vers l'avant et élevé de soixante centimètres au-dessus de la plate-forme du fond devait abriter une partie du chargement et servir en même temps de poste de couchage pour l'équipage. La barque portait quinze cents litres d'eau et vingt jours de vivres pour dix personnes. Dans ces conditions, elle calait environ cinquante centimètres sur la mer Morte. Elle marchait à la voile et à l'aviron.

ajoute à ces embarras naturels ceux qui provenaient de l'inertie des chameaux et des chameliers, et l'on se fera une idée de la satisfaction éprouvée après la réussite. L'opération délicate du montage et de l'ajustage de la barque, dirigée par M. Vignes avec l'aide de quatre de ses marins, s'effectua non moins heureusement sur la plage d'Aïn-Feschkha, et l'embarcation était mise à flot le 14 mars.

Les choses avaient marché à souhait, sauf un obstacle d'un genre particulier qui pouvait tout arrêter : c'était la disposition d'esprit et de corps où se trouvait au début le chef même de l'expédition. Il s'était résolu, comme il le dit dans une de ses lettres, à faire un effort définitif pour sortir de l'abattement qui l'envahissait de plus en plus, et pour réagir énergiquement contre sa profonde lassitude morale. « Si j'échoue, ajoutait-il, je n'aurai plus qu'à attendre de l'affaissement de mes facultés et du terme de mes années le remède que j'aurai vainement cherché ailleurs. Tout en espérant ne pas laisser infructueux ce voyage dont la science est plutôt le prétexte que l'objet, je compte davantage pour un résultat sur mes compagnons que sur moi-même. J'ai heureusement en eux tout ce que je puis désirer de plus convenable et de plus zélé, et je me félicite de les avoir associés à mon voyage [1]. » Ajoutons qu'à cet état de tristesse,

---

[1] Lettre adressée à M. Debacq, et datée de Jérusalem le 11 mars 1864. Puisqu'il m'est permis de la citer, j'en veux encore détacher un passage qui montre les sentiments affectueux du duc de Luynes pour ceux qu'il avait reconnus dignes

qu'il craignait de ne pouvoir vaincre, se joignait une cause physique d'épuisement. Malgré les exigences de la vie active où il allait s'engager, M. de Luynes n'avait pas voulu renoncer à son régime d'anachorète; de là, pour la moindre fatigue, un affaiblissement qu'il ne parvenait pas à dissimuler. Les avis pressants du docteur, l'entrain et la gaieté de M. Vignes, réussirent à triompher de sa répugnance, à le tirer de sa langueur; il goûta aux jus de viande et aux vins; il mangea avec ses compagnons et ne tarda pas à se sentir raffermi. Mieux portant, il put surmonter son découragement, et se trouva propre à faire campagne, comme un vaillant soldat de l'érudition.

L'embarcation se conduisit très-bien à la mer, et montra d'excellentes qualités en fait de solidité et de vitesse. On la nomma le *Ségor*, du nom d'une des villes de la Pentapole, dont M. de Luynes se proposait de rechercher les traces. Nos voyageurs avaient beau faire appel à leur imagination, il leur était impossible de voir la mer Morte et ses environs sous l'aspect de désolation qu'on prête à des lieux maudits. C'est un vaste lac aux eaux bleues et transparentes, dont les pentes ravinées, couvertes d'arbustes épineux, sont plus verdoyantes que les bords de

---

de son amitié. « J'espère que je vous trouverai comme M. Gory en bonne condition à mon retour. Vous êtes tous les deux bien nécessaires aux vôtres et bien chers à vos amis, dans ce temps où, comme toujours d'ailleurs, les cœurs dévoués et les consciences intactes sont si rares. »

l'Océan en Bretagne, ou de la Méditerranée entre Marseille et Toulon. Il est difficile de trouver une mer plus hospitalière, au printemps du moins. Il n'y fait point trop chaud, les brises y sont régulières, les soirées et les nuits fraîches, les couchers de soleil magnifiques. On put donc se consacrer exclusivement à l'exploration hydrographique et élire domicile à bord du *Ségor*, qu'on ne quitta que deux fois, d'abord dans la nuit du 21 mars pour aller le lendemain matin visiter Sebbeh, l'ancienne Masada, puis pendant les trois jours qui furent employés à l'expédition de Kérak. Cette dernière excursion n'était point sans dangers, le scheikh Mohammed, qui règne à Kérak, passant pour un homme violent, décidé à fermer à tout Européen l'accès de son pays. Il s'adoucit néanmoins, et grâce à des négociations bien dirigées, il vint chercher nos voyageurs, les escorta et les ramena lui-même. Kérak est situé sur une montagne escarpée, à six heures de marche dans l'est de la mer Morte. C'est le Crac des croisades; son château, admirablement construit en gros matériaux, et qui présente encore l'aspect le plus grandiose, fut la résidence du fameux Renaud de Châtillon, de qui la mauvaise foi attira sur le royaume franc de Jérusalem l'orage terrible dont il ne se releva jamais.

Huit jours encore, du 30 mars au 6 avril, furent consacrés à terminer l'exploration de la mer Morte. La caravane rentra ensuite à Jéricho et y prit quelques soins d'hygiène indispensables. Depuis vingt-quatre jours nos voyageurs couchaient et dormaient tout habillés. Ce ne fut pas sans un vif regret qu'il fallut quitter le pauvre *Ségor*, qui s'était si honorablement comporté. M. de Luynes voulait l'offrir au consul de France à Jérusalem, ou en cas de non-acceptation au pacha lui-même, espérant qu'une embarcation si bien aménagée pourrait servir à d'autres explorations. En attendant, il la fit garder à prix d'argent par un chef arabe, pour la mettre à l'abri du pillage sur cette côte inhospitalière. Comme ses intentions libérales ont été méconnues et que la destruction du bâtiment a été attribuée à des arrière-pensées égoïstes, qui n'ont jamais trouvé accès dans l'esprit du duc de Luynes ni dans celui de M. Vignes, il est bon de rappeler que les circonstances furent plus fortes que leur bonne volonté. Il y eut d'abord un malentendu entre le consul et le pacha au sujet de la destination finale du *Ségor*, puis le pacha comprenant l'impossibilité de tenir le *Ségor* à la mer, s'était décidé à le démonter pour l'offrir au fils de Fuad, quand le gardien vint annoncer que l'embarcation avait brisé ses ancres et avait été jetée sur un rocher par un coup de vent. Sans tarder, M. Vignes expédia ses matelots, qui reconnurent aussitôt la gravité du désastre. Le *Ségor* était désemparé, il faisait eau, et les marins, ne consultant que la loi de l'honneur militaire, prirent le parti de le conduire au large et de le couler, plutôt que de permettre qu'il fût pillé et dépecé à terre par les Arabes maraudeurs. Telle est la vérité sur cet incident, mal apprécié ou mal connu.

Si le *Ségor* dut être détruit, du moins les résultats hydrographiques qu'il a été possible de recueillir grâce à lui n'ont point été perdus. M. Vignes les a consignés dans sa relation et dans ses cartes. On y voit que la configuration de la mer Morte présente une forme ovoïde un peu plus resserrée au sud qu'au nord. La ligne de ses rives est rarement droite, mais se courbe habituellement en petits golfes. Sa plus grande longueur est de 70 kilomètres, et sa plus grande largeur de 18. Vers le 31° 20', elle est très-rétrécie par la presqu'île de la Liçan, au delà de laquelle se trouve, à proprement parler, une lagune plutôt qu'une mer véritable; car les fonds au delà de la Liçan ne dépassent pas 6 mètres, tandis qu'au nord la sonde signale jusqu'à 350 mètres. Ce qui caractérise le plus la mer Morte, c'est l'extrême salure de ses eaux. Leur densité appréciée à diverses profondeurs varie entre 1160 et 1230, et il est constant que les eaux douces des affluents ne se mêlent à l'eau salée que dans la zone supérieure. Le fond de cette mer se compose d'un mélange de vase bleue et de cristaux de sel. Son eau est limpide, mais laisse au toucher une impression huileuse, et à la longue détermine sur les mains l'éruption de pustules. Quant à l'air, il est très-salubre; nos voyageurs ont passé sur la mer Morte vingt et un jours et vingt et une nuits sans ressentir le plus léger malaise. Les fleuves et les nombreuses fontaines se déversant dans la mer Morte nourrissent des poissons et des coquillages qui meurent immédiatement si on les transporte à quelque distance dans l'eau plus saturée. Tous les efforts pour trouver des êtres vivants dans la mer proprement dite sont restés sans résultats. Les lignes horizontales tracées par les eaux sur les rochers et distantes entre elles de quelques mètres, marquent probablement des niveaux successifs de l'eau qui, par suite de causes violentes, aurait baissé subitement. Cet abaissement a dû avoir lieu dans des temps très-anciens, car la plus basse de ces lignes est à environ 4 mètres au-dessus du niveau que doivent atteindre les bois flottés durant les grands coups de vent. Dans l'état actuel, la dépression de la mer Morte par rapport au niveau de la Méditerranée est énorme. Des observations simultanées, faites avec une précision rigoureuse dans la journée du 12 mars à Jérusalem et à Aïn-Feschkha, ont donné une différence de niveau de 1,171 mètres. Des observations analogues, faites dans la journée du 7 juin à Jérusalem et à Jaffa, ont donné une différence de 779 mètres, d'où M. Vignes conclut au chiffre de 392 mètres comme étant celui de la véritable dépression de la mer Morte. Ajoutons tout de suite, pour en finir avec cette question des niveaux, que le lac de Tibériade, qui a subi beaucoup moins de bouleversements que la mer Morte, est pourtant aussi en dépression de 189 mètres au-dessous du niveau de la Méditerranée.

Sans se donner aucun relâche, M. de Luynes repartit de Jéricho pour entreprendre l'exploration des montagnes de la Moabitide, contrée peu habitée qui n'avait été complètement visitée par aucun Européen depuis 1818. Au delà du Jourdain, il rencontra avec étonnement de nombreuses tombes-dolmens, des grottes sépulcrales et même une pierre levée, offrant la plus complète analogie avec les monuments du même genre qui sont si curieusement étudiés aujourd'hui dans l'occident de l'Europe. Il visita ensuite la construction connue sous le nom d'Arak-el-Émir (le Rocher du prince), déjà relevée avant lui par MM. de Saulcy et de Vogüé. Cette construction passe pour avoir servi de palais ou lieu de refuge à un certain Hyrcan, qui, au rapport de l'historien Josèphe, commanda sept ans dans ces contrées, de 182 à 175 avant notre ère. Mais l'édifice rectangulaire qui en fait partie, composé de blocs de grande dimension et terminé par une frise en fortes pierres dont chacune porte la représentation d'un grand lion sculpté, paraît remonter à une époque beaucoup plus haute, et avoir été le sanctuaire de quelque dieu assyrien ou moabite. De là, les voyageurs, s'avançant vers le sud, gravirent les deux pitons du Djebel-Moussa (le mont Nébo), d'où Moïse aperçut la terre promise sans pouvoir y pénétrer, passèrent à Machærus, lieu célèbre par la détention et peut-être par le supplice de saint Jean-Baptiste, examinèrent les ruines informes de Shihan, d'où l'on aperçoit distinctement Rabbath-Moab qu'ils avaient déjà visité pendant leur excursion à Kérak, et retournant sur leurs pas, ils revinrent à peu près par la même route à Jérusalem.

M. de Luynes repartit de cette ville le 2 mai avec

l'intention d'explorer la rive occidentale, et de rechercher au sud la ligne de partage des eaux de l'Arabah. Après avoir poussé jusqu'à Beni-Naïm, afin de reconnaître de ce point une vue sur la mer Morte, qu'on lui avait indiquée comme importante pour l'histoire et la topographie de la Pentapole, il passa par Semoa, où se trouvent des spécimens curieux d'un art qu'on peut appeler réellement judaïque. Il visita aussi avec le plus grand soin les environs de la montagne de Sel, Djebel-Usdum, dont le nom paraît être un souvenir traditionnel de la fameuse Sodome, ainsi que les vestiges irrécusables d'une grande ville à l'endroit qu'on nomme aujourd'hui Safieh. De là nos voyageurs s'engagèrent dans la vallée de l'Arabah, et eurent le bonheur de reconnaître, dès leur quatrième jour de marche, le point où les eaux se partagent, c'est-à-dire où les torrents courent rejoindre au nord le cours du Wady-el-Zeib, qui se perd lui-même dans la mer Morte, tandis qu'au sud toutes les eaux ont une direction certaine vers le golfe d'Akabah. Ainsi tombe la supposition qui tendait à faire admettre que le Jourdain, après avoir traversé la mer Morte dans toute sa longueur, ressortait des plaines marécageuses qui la prolongent au sud pour reprendre sous un autre nom son cours vers la mer Rouge. Il faudra bien désormais admettre que la mer Morte n'a point d'issue apparente, qu'elle reçoit les eaux du nord et du sud, sans les rendre autrement que par une évaporation qui est la cause principale du maintien de son niveau.

On se décida à faire route jusqu'à Akabah, malgré

la grande chaleur; le thermomètre marquait alors 43° à l'ombre. Au retour, on fit une pointe vers l'est pour aller examiner les célèbres rochers de Pétra, qui inspirent toujours une si légitime curiosité. Mais quand on voulut faire une halte au mont Hor, l'intention d'y visiter le tombeau du prophète Aaron suscita de la part des Arabes de l'escorte une opposition imprévue, devant laquelle on aurait pu s'arrêter si elle avait eu pour mobiles des scrupules religieux. Comme elle avait au fond un motif moins honorable, le duc ne voulut céder ni aux exigences ni aux menaces. Par son attitude résolue, il déconcerta les mutins, qui vinrent lui faire d'humbles excuses et le prier d'entrer dans le tombeau. Ce monument apocryphe et presque ridicule ne vaut guère la peine d'être vu; mais il fallait soutenir le prestige du nom français, que la moindre faiblesse aurait compromis. A Pétra du moins on n'éprouva aucune déception; les hypogées creusés dans les flancs des falaises, le fameux défilé bordé de monuments funéraires et surmonté d'un arc triomphal, le Khasné-Firoun avec ses vastes dimensions, la pureté de ses lignes, la finesse de ses sculptures ciselées dans un roc qui ressemble à du marbre rose, ont toujours ce grand aspect qui a excité l'admiration de tous les voyageurs. Là, comme à Kérak, M. de Luynes dut s'applaudir de n'avoir pas cédé à des appréhensions exagérées. Cependant il est bon de rappeler qu'il n'est pas toujours prudent de s'aventurer au milieu des tribus qui se disputent les bénéfices prélevés sur la curiosité des étrangers.

Quoique depuis cinq ans aucun Européen ne fût entré à Pétra et n'eût pu même en approcher, nul incident fâcheux ne signala le séjour en ce lieu ni le retour, qui s'effectua paisiblement. L'étude du bassin de la mer Morte et de la vallée de l'Arabah étant terminée, M. de Luynes s'embarquait à Jaffa le 8 juin pour rentrer en France, après avoir rempli de point en point le programme qu'il s'était tracé. Il avait vu tout ce qu'il fallait voir, et autant qu'il était nécessaire. Les difficultés que pouvaient opposer la nature ou les hommes, il les avait surmontées par un mélange de fermeté et de prudence, car en pareille affaire l'argent ne fait pas tout, il y faut aussi l'esprit de conduite. Enfin, aux résultats scientifiques de l'expédition s'ajoutait un résultat moral non moins important. Le souvenir de l'émir franc qui s'est fait respecter des tribus pillardes du désert[1], qui a visité

[1] Le fils du scheik Mohammed, qui ramena le duc de Kérak à bord du *Ségor*, avait composé en son honneur une chanson, qu'il voulut lui remettre avant de le quitter :

« Nous avons monté nos chevaux quand sont venus les consuls.

» Le plus grand de ces consuls est l'émir.

» L'émir donnera beaucoup d'or parce qu'il n'est pas avare.

» Le jour où ils ont honoré notre pays,

» Le bruit s'en est répandu partout.

» Ils ont eu en main le droit de tout faire.

» Ainsi dit Salah, fils du chef :

» Je veux de votre main un cadeau de vingt livres dans ma main droite. — Écrit le 20 adar 1280. »

Malgré cette sommation poétique, on se contenta de donner aux Arabes un modeste bakschisch, et ils se retirèrent sans témoigner ni désappointement ni mauvaise humeur.

sans crainte Kérak, Pétra et les sauvages montagnes de Moab, vivra longtemps sous la tente du Bédouin, et pourra servir de sauvegarde à d'autres voyageurs.

En quittant la Syrie, M. de Luynes avait délégué à MM. Vignes et Lartet le soin de faire diverses observations supplémentaires sur les nivellements et la géologie de la vallée du Jourdain, dont l'étude se rattache si directement à celle de la mer Morte. Les deux voyageurs se rendirent de Jérusalem au Wady-Zerka, et de ce cours d'eau à Suf, par une route accidentée qui les conduisit à Djérash, l'antique Gérasa, et ils remarquèrent que cette ville, qui conserve encore des ruines considérables, a peut-être moins souffert de la main destructive des hommes que de l'action des forces souterraines dont un pays voisin, le Haouran, porte partout l'empreinte. De Djérash ils se dirigèrent vers Semak, puis, remontant la rive orientale du lac de Tibériade et du Jourdain, ils arrivèrent le 17 juin à Banias, but principal de leur excursion scientifique, et de là continuèrent leur route par Racheya, Hasbeya et Damas. Trois sources principales alimentent le Jourdain : celle du Wady-Hasbany a une altitude de 563 mètres au-dessus du niveau des mers; celle de Banias, 383 mètres; celle de Tell-el-Kady, 185 mètres. Or, la détermination de ces chiffres achève de prouver l'impossibilité d'une communication antérieure du Jourdain avec la mer Rouge; car si l'on néglige la source du Wady-Hasbany, placée bien au-dessus de la vallée du Jourdain, où ses eaux arrivent à l'état de torrent, on remarque que la pente du fleuve n'eût été que de 143 mètres depuis la source de Banias jusqu'au partage des eaux de l'Arabah (point dont l'altitude est de 240 mètres), c'est-à-dire sur un parcours de plus de 325 kilomètres. Sans doute cette preuve, considérée isolément, serait insuffisante pour résoudre la question négativement; mais on peut l'admettre à titre de présomption [1]. Les recherches géologiques auxquelles s'est livré M. Lartet fourniront des documents moins contestables et répondront aux objections qu'on pourrait tirer du soulèvement et de l'affaissement ultérieurs des terrains.

Au mois de septembre de la même année 1864, M. Vignes, accompagné cette fois de M. Fouet, aspirant de marine, accomplit, sous les auspices du duc de Luynes, un voyage très-intéressant de Tripoli à Palmyre par Homs. A l'aide d'un excellent chronomètre, il put déterminer la position réelle de la ville de Zénobie, ainsi que les positions de Homs et de Hamah, et il calcula un certain nombre d'altitudes qu'il a consignées dans les résultats imprimés de son voyage.

Le travail de M. Vignes, ayant pour titre : *Notes d'un voyage d'exploration à la mer Morte, dans le Wady-Arabah, sur la rive gauche du Jourdain et dans le désert de Palmyre*, est le seul qui ait été publié jusqu'à présent; il est accompagné de deux cartes gravées avec la précision et l'exactitude que M. de

---

[1] *Bulletin de la Société de géographie*, novembre 1864, p. 395.

Luynes réclamait et savait obtenir des artistes qu'il employait. La première, dressée par M. Vignes avec le concours du docteur Combe, est la réduction de deux cartes de grande dimension, comprenant l'ensemble du voyage, depuis le cours supérieur du Jourdain jusqu'au golfe d'Akabah. La seconde, dressée aussi par M. Vignes, avec le concours de M. Fouet, représente uniquement l'itinéraire de Tripoli à Palmyre. M. Louis Lartet, particulièrement chargé de résumer les observations géologiques fournies par l'étude attentive de ces terrains qui ont subi tant de bouleversements, n'a pu encore faire imprimer la partie qui le concerne ; il en a seulement détaché quelques fragments insérés dans le *Bulletin de la Société géologique de France* : les deux principaux sont consacrés au bassin de la mer Morte ou lac Asphaltite et aux changements survenus dans le niveau de ce lac, ainsi qu'à la description des gîtes bitumineux de la Judée et de la Cœlésyrie[1]. Quant à M. de Luynes, il s'était réservé de traiter la partie archéologique du voyage, notamment la question si intéressante de l'emplacement des villes de la Pentapole, et de Ségor en particulier, se proposant d'y joindre les documents que devait lui remettre le docteur Combe sur l'anthropologie, la botanique, l'histoire naturelle du pays qu'ils avaient visité ensemble. Sa santé, raffermie depuis son retour en France, faisait bien augurer de

---

[1] On trouvera dans la liste bibliographique les titres des deux autres communications faites à la même Société par M. Lartet.

ce projet. Il s'était mis à l'œuvre avec ardeur, lorsque la perte cruelle de sa petite-fille, madame de Sabran, vint, comme on l'a vu, le plonger dans une nouvelle affliction. Néanmoins il reprit courageusement son travail et y consacra les deux dernières années de sa vie. Après l'avoir terminé, il voulait, avec le soin scrupuleux qu'il apportait à toutes choses, lui faire subir encore dans l'hiver de 1867 à 1868 une révision finale, et le publier dans un même corps d'ouvrage à la suite des Mémoires de M. Vignes et de M. Lartet. « Le mien paraîtra, disait-il dans le court avertissement qui précède les notes de M. Vignes, lorsque je croirai l'avoir rendu le moins imparfait possible, dans un genre de recherches où, excepté les faits exactement constatés, tout appartient au domaine de la critique et de la controverse. » Sa mort inopinée est venue ajourner ce dessein sans le rompre; elle n'empêchera pas la publication d'un livre depuis longtemps annoncé et si propre à exciter le vif intérêt des historiens et des savants. Le successeur du duc de Luynes à l'Institut, M. le comte de Vogüé, dont on connaît la compétence en ces questions d'archéologie orientale et biblique, s'est chargé de mettre au jour le dernier et peut-être le plus important ouvrage de son illustre ami.

IX.

Quand M. de Luynes partit pour Rome à la fin du mois d'octobre 1867, il ne voulait que rejoindre, afin de veiller sur lui, l'aîné de ses petits-fils, qui, ayant donné sa démission de zouave pontifical, avait cru devoir, au moment du danger, redemander à servir dans l'armée du saint-siége. On peut croire, en effet, d'après ce que j'ai indiqué précédemment, que l'entraînement religieux ne fut pour rien dans la résolution du duc de Luynes. Avec son esprit net et positif, plus enclin à l'analyse scientifique qu'aux spéculations métaphysiques, il était resté longtemps indifférent en matière de religions établies. Il admettait avec les stoïciens qu'il y a une justice naturelle, une raison intérieure qui éclaire et qui fixe les consciences droites sur les devoirs individuels et sur l'économie morale des sociétés, et il lui suffisait de chercher ici-bas son vrai bien, ne trouvant que mystère et obscurité dans les problèmes de l'origine et de la destinée des hommes. Plus tard, après la mort de sa seconde femme, qui était d'une piété éclairée et tendre, il tenta de s'élever vers un idéal supérieur sans y parvenir entièrement. Il avait donné son âme à cette compagne tant regrettée, la seule personne avec qui il se fût ouvert sans réserve. Il se refusait donc à croire qu'elle fût morte tout entière en emportant à jamais la meilleure part de lui-même. De là une lutte entre ses doutes raisonnés et sa tendance vers les croyances spiritualistes, lutte dont il n'était pas encore sorti vainqueur à cette date de son dernier voyage à Rome.

Mais si les idées religieuses étaient encore flottantes en lui, sa conviction politique était bien arrêtée. M. de Luynes n'était point partisan de l'unité italienne; il ne la croyait pas viable; il lui reprochait surtout de vouloir se constituer violemment. Aussi l'entreprise des garibaldiens sur Rome lui paraissait-elle un attentat contre la morale publique et une violation des délibérations et des traités qui avaient eu en particulier pour objet d'assurer l'indépendance des États du Pape. Sur ce point, il n'avait jamais varié. Dans les assemblées républicaines de 1848 et 1849, il s'était associé à tous les votes émis pour protéger la liberté du saint-siége [1]. Il ne pouvait pas changer d'avis en 1867 quand le Pape n'avait plus pour dernier asile que Rome et la banlieue. Après avoir contribué pour une forte somme à l'équipement des troupes pontificales, il devait donc tenir aussi à honneur de manifester personnellement, puisque

[1] Séance du 1er décembre 1848. Vote en faveur de l'ordre du jour motivé proposé par M. de Trevenenc, et qui avait pour objet d'approuver les mesures de précaution prises par le gouvernement pour assurer la liberté du Saint-Père. — 16 avril 1849. Vote en faveur du projet de loi portant demande de crédit pour l'envoi d'un corps expéditionnaire en Italie. — 8 août 1849. Vote pour l'ordre du jour pur et simple demandé sur les interpellations relatives à l'expédition de Rome.

l'occasion lui en était offerte, sa sympathie pour une cause qui était à ses yeux celle de la civilisation générale. A ce sentiment se mêlait sans doute l'amour de l'antiquaire pour la reine des villes, pour la source de ses premières inspirations, pour ce sanctuaire des arts qu'il craignait de voir profané.

M. de Luynes arriva à Rome la veille de la bataille de Mentana, et le jour même de cette bataille, qu'on ne savait devoir être ni si prochaine ni si décisive, sa préoccupation n'était point telle qu'elle l'empêchât d'aller voir M. Henzen, secrétaire de l'Institut archéologique, pour s'entretenir avec lui de fouilles faites ou à faire. Mais le lendemain il était sur le champ du combat, offrant ses soins aux blessés, et donnant à l'un d'eux son propre manteau pour le garantir du froid. Il en ramena plusieurs à Rome, où il rentra atteint d'un rhume assez fort, mais qui n'inspira pas d'inquiétude sérieuse. Au rapport de son valet de chambre, qui se trouvait seul alors auprès de lui, cette indisposition avait même disparu quand il accepta par dévouement la mission d'aller de place en place recueillir les documents nécessaires pour élever des monuments commémoratifs aux volontaires pontificaux tués dans différents engagements avec les volontaires italiens. Il partit sans indications préalables, sans aide d'aucune sorte, et ce fut à force d'activité, d'insistance, d'investigations patientes, qu'il se procura ces renseignements; mais il les paya de sa vie. En revenant de Viterbe, il fut pris d'un épuisement, d'une atonie générale, contre laquelle l'excessive frugalité de son régime habituel l'avait mis hors d'état de réagir. Une ancienne affection de la vessie se réveillant avec une intensité redoutable, résista à tous les efforts des médecins. Il reçut encore une ou deux fois M. Henzen, à qui il annonça l'intention de quitter Rome vers le 8 décembre; mais il reconnut bientôt que ce départ serait impossible; il s'enferma, défendit qu'on révélât au dehors la gravité de son mal, envoya même aux siens des nouvelles presque rassurantes, et se prépara à la mort, « sans la désirer ni la craindre ». « Je suis résigné à tout, disait-il, même à vivre avec des infirmités, en tâchant de les rendre le moins importunes possible pour autrui. »

Dans l'intervalle, son petit-fils était revenu à Paris pour y contracter une union qui faisait la joie de deux familles. En cette occasion, le duc écrivait de son lit de douleur ces mots qui renferment une sérieuse leçon : « C'est aujourd'hui (28 novembre) que vous signez le contrat. Je crois et j'espère qu'il préparera aux futurs époux un avenir heureux, comme on peut l'avoir en ce monde. Toutefois je ne désire pas que les traverses leur soient inconnues. Ce sont elles qui forcent l'âme de considérer et d'affronter les réalités de la vie..... A chacun elles enseignent à ses dépens que nous ne sommes pas dans ce monde pour nous amuser puérilement, et que quand nous aurons à quitter notre place, elle aura dû être dignement et utilement occupée. »

L'heure approchait où cette place si noblement remplie allait rester vide. Sauf un peu de délire dans la nuit du samedi au dimanche 15 décembre, M. de Luynes conserva sa mémoire et sa présence d'esprit jusqu'au moment fatal. Il passa la matinée de son dernier jour avec sa belle-fille, qui avait tout quitté pour accourir auprès de lui, et il lui parla avec tendresse de sa famille et de ses amis. Vers deux heures il éprouva quelque soulagement : « Moi qui avais tant espéré mourir aujourd'hui, disait-il, si je dois vivre encore, que ferez-vous de moi? » En effet, il avait depuis longtemps le pressentiment qu'il cesserait d'exister le jour où il aurait accompli ses soixante-cinq ans. Il trouva même assez de force pour engager madame la duchesse de Chevreuse à se présenter à l'audience du saint Père : « Dites-lui que je n'ai pas mérité la décoration qu'il me destine; je l'accepterais si j'avais donné mon sang. Demandez-lui deux choses, une prière pour nos morts et sa bénédiction pour les vivants. » Mais ce fut la dernière lueur de la lampe. A quatre heures moins un quart du soir, le duc de Luynes expirait, répétant les prières que récitait le prêtre et tenant dans sa main la main de sa belle-fille, qui lui ferma les yeux.

D'autres paroles prononcées par le mourant nous apprennent qu'une douce confiance avait succédé dans son esprit aux combats intérieurs qui l'agitaient depuis plusieurs années. « Je vais rejoindre, avait-il dit, ma bonne grand'mère, ma chère femme et mon saint frère. » Il affirmait enfin cette foi à l'immortalité qui était, depuis son veuvage, un besoin invincible de son cœur. Il ne se contenta pas d'approprier à l'état de son âme les pures espérances contenues dans l'Évangile. Il fit acte de dévotion extérieure; il reçut les sacrements de l'Église, spontanément et sans avoir attendu l'arrivée de sa pieuse belle-fille, à qui il avait écrit : « N'ayez point d'inquiétude pour moi quant au spirituel. J'ai tout mon sang-froid, je n'ai pas de fièvre. Je sais de qui je descends et auprès de qui je veux reposer dans l'éternité. » Faut-il voir dans cette détermination une adhésion complète aux dogmes catholiques qui, à cette heure solennelle, vint fortifier sa raison déjà pénétrée des doctrines du spiritualisme chrétien? était-ce une concession aux croyances traditionnelles de sa famille, un appui qu'il voulut donner par son exemple à des pratiques considérées comme ajoutant plus d'empire aux consolations religieuses? Il me semble que ce serait manquer de respect à cette noble mémoire que de scruter ce qui se passa en ces instants suprêmes dans l'âme de M. de Luynes. Quels qu'aient été ses motifs, ils sont louables, émanant d'une conscience si droite et si sincère. Pour moi, je suis satisfait de penser que ce philosophe, constamment appliqué durant sa vie au perfectionnement de son être intellectuel et moral, a fini en rendant à Dieu une âme qui n'avait jamais été séparée de lui, car elle avait été sanctifiée par le travail et par la douleur. Le talent et la vertu sont des dons divins, qui retournent après la mort dans le sein de la suprême intelligence et de la suprême bonté.

Quand on examine l'ensemble de ce caractère, on voit s'en dégager deux points essentiels, à qui tout le reste se subordonne et vient aboutir : la hauteur morale et le goût passionné du beau ; par conséquent, l'aversion pour tout ce qui était bas et tout ce qui était laid. Le duc de Luynes pratiqua la vie morale à tous ses degrés : l'équité qui est le devoir strict ; la vertu qui est le devoir aussi, mais le devoir élargi et librement accompli ; enfin, le dévouement, qui est plus que le devoir puisqu'il est le don spontané de soi-même. Dans ses rapports avec ses semblables moins favorisés que lui, il chercha toujours à les ennoblir, même les plus humbles, en relevant en eux par l'instruction le sentiment de la responsabilité personnelle, ou en leur prodiguant des encouragements qui ne coûtaient rien à leur indépendance ; mais s'il les voyait se dégrader par la servilité et le mensonge, il n'en espérait plus rien et se détournait d'eux. De même l'amour des grandes et belles œuvres était inné en lui, et s'il poussait quelquefois le sentiment des arts jusqu'au raffinement, il s'arrêtait toujours à la limite de l'ostentation vaine et du faste. Aussi ne pouvait-il souffrir ce qui était prétentieux, faux et de mauvais aloi. Il était aristocrate en cela, et dans les dernières années de sa vie, il se plaignait avec chagrin de la décadence du bon goût et du triomphe de la vulgarité. « Quand on a passé sa vie, disait-il, à honorer et à chercher le beau, il est affligeant de voir ériger des autels au laid [1]. »

[1] Lettre à M. E. Vinet, citée dans le journal des *Débats* du 17 avril 1868. C'est à propos de la collection de moulages d'après l'antique exposée au palais des Champs-Élysées en

Son influence scientifique et littéraire a été très-notable. On peut la résumer en quelques mots. Dans les sciences il a donné une vive impulsion aux travaux métallurgiques et aux perfectionnements de la photographie, devenue, grâce à lui, un auxiliaire utile des arts libéraux. Par la création du musée de Dampierre, il a aidé aussi au développement des études géologiques et paléontologiques. En érudition, il a été l'auteur ou le patron de publications importantes, qui ont fourni à l'histoire de la France, de l'Allemagne, de l'Italie au moyen âge, des documents nouveaux et de bons instruments de contrôle et de critique. L'archéologie française lui doit en grande partie le renouvellement des études mythologiques, qui n'avaient point été placées par Millin ni même par Caylus sur un terrain assez solide. Dans ses explications des monuments de l'antiquité figurée, M. de Luynes a su se tenir à égale distance d'un rationalisme excessif ou d'un symbolisme exagéré, en inclinant vers la modération de

---

1860, par M. Ravaisson, qu'il s'exprimait ainsi sur le temps présent. Il faut reproduire tout le passage pour donner une idée de la sévérité de sa critique : « Supposez que près du Musée de M. Ravaisson on place deux Musées, l'un rempli de sculptures de Clodion, de Coustou et de gens de cette école; l'autre de figures byzantines, surchargées d'ornements grossiers, lourdes, courtes, privées de noblesse et de sentiment, où se porteraient les élèves? De Clodion ils passeraient aux byzantins, et vous verriez le Musée des chefs-d'œuvre, le Musée grec, rester désert. Cela s'est fait, cela se fera, à notre grand chagrin; car, de même que l'homme n'aime pas la liberté, mais l'égalité, de même il n'aime pas le progrès, mais le changement. »

Creuzer, mais en ajoutant, comme M. Guigniaut, à la profondeur de la science allemande la clarté judicieuse de l'esprit français. En numismatique, sa compétence était incontestée. Pour l'interprétation des types et pour le classement des médailles incertaines, il était, comme on l'a dit, de la race des Eckels. Dans la philologie orientale, il a ouvert des perspectives nouvelles que ses confrères et ses successeurs vont élargir encore; mais quels que soient les progrès qui pourront s'accomplir, on trouvera sa place profondément marquée à l'origine des grandes questions religieuses et historiques qui préoccupent le plus les savants d'aujourd'hui. Il s'est intéressé à toutes les découvertes de son temps, comme il a touché aux éternels problèmes de la science et de l'art; il en a même résolu quelques-uns. Homme d'étude, il a marché en avant dans la recherche sincère et désintéressée de la vérité. Noble et riche, il a été au niveau de sa grande situation, par la dignité de sa conduite et la largeur de ses libéralités.

Comme le duc de Luynes a vécu et est mort sans chercher la popularité et l'éclat, il faut le placer dans la catégorie de ces hommes rares qui resteront illustres et qui n'ont pas été célèbres. Ma notice n'a point la prétention d'avoir ajouté aux titres qu'il s'est acquis à l'admiration de ses contemporains et au respect de la postérité. Mais pour si peu qu'elle aura pu le faire mieux connaître et le faire aimer davantage, je m'estimerai heureux de l'avoir écrite.

LISTE

PAR ORDRE CHRONOLOGIQUE

DES

OUVRAGES DE M. LE DUC DE LUYNES.

―――――

Sur quelques médailles des Campaniens de Sicile. (Annales de l'Institut archéologique, 1829, p. 150.)
Ulysse chez Polyphème. (Annales de l'Institut archéologique, 1829, p. 278.)
Sur la restitution du tombeau de Porsenna par M. Quatremère de Quincy. (Annales de l'Institut archéologique, 1829, p. 304.)
Sur l'ouvrage de M. le baron de Stackelberg, intitulé : *La Grèce, vues pittoresques et topographiques.* (Annales de l'Institut archéologique, 1829, p. 360.)
Ruines de Velia. (Annales de l'Institut archéologique, 1829, p. 381.)
Restitution du bas-relief du Louvre relatif à la naissance d'Érichthonius. (Annales de l'Institut archéologique, 1829, p. 397.)
Oracle de Trophonius. (Annales de l'Institut archéologique, 1829, p. 408.)
Ruines de Locres. (Annales de l'Institut archéologique, 1830, p. 3.)
Du Démarétion. (Annales de l'Institut archéologique, 1830, p. 81.)
Achille et Patrocle, cylix de Vulcia. (Annales de l'Institut archéologique, 1830, p. 238.)
Compte rendu de l'ouvrage de M. James Millingen, intitulé : *Ancient coins of Greek cities*, etc. (Annales de l'Institut archéologique, 1830, p. 301.)

Médailles de Tarente relatives à l'Apollon Hyacinthien. (Annales de l'Institut archéologique, 1830, p. 337.)

Ajax et Hector, Observations sur un vase intitulé : *Achille ed Ettore.* (Annales de l'Institut archéologique, 1832, p. 85.)

De la poterie antique. (Annales de l'Institut archéologique, 1832, p. 138.)

Mémoire sur la panification de la fécule et de la pomme de terre (en collaboration avec le docteur Bouchardat). Paris, imprimerie Fain, 1833.

Métaponte (en collaboration avec M. Debacq). Paris, Firmin Didot, 1833, 1 vol. grand in-folio.

Recherches sur la ville de Pandosia. (Annales de l'Institut archéologique, 1833, p. 1.)

Arcésilas, roi de Cyrénaïque, coupe provenant des fouilles de l'Étrurie. (Annales de l'Institut archéologique, 1833, p. 57.)

Crésus. Description d'un vase appartenant alors à M. Durand. (Annales de l'Institut archéologique, 1833, p. 237.)

Des vases sans fond et de leur usage chez les Grecs. (Annales de l'Institut archéologique, 1833, p. 318.)

Sur le mémoire de M. Levezow, intitulé : *Développement du type idéal des Gorgones dans la poésie et l'art figuré des anciens.* (Annales de l'Institut archéologique, 1834, p. 311.)

Études numismatiques sur quelques types relatifs au culte d'Hécate. Paris, Firmin Didot, 1835, 1 vol. in-4°.

Casque de Vulci. (Nouvelles Annales de l'Institut archéologique, section française, 1837, t. Ier, p. 51.)

Monnaies incuses de la Grande Grèce. (Nouvelles Annales de l'Institut archéologique, section française, 1837, t. Ier, p. 372.)

Amphore du couvent de Saint-Philippe de Néri. (Nouvelles Annales de l'Institut archéologique, section française, 1838, t. II, p. 1.)

Sur le Sylloge *de M. J. Millingen.* (Nouvelles Annales de l'Institut archéologique, section française, 1838, t. II, p. 85.)

Trépied de Vulci. (Nouvelles Annales de l'Institut archéologique, section française, 1838, t. II, p. 237.)

Médaille inédite de Germanicus. (Revue numismatique, 1838, p. 338.)

Commentaire historique et chronologique sur les éphémérides intitulées Diurnali di messer Matteo di Giovenazzo. Paris, Firmin Didot, 1839, 1 vol. petit in-4°.

Description de quelques vases peints étrusques, italiotes, siciliens et grecs. Paris, Firmin Didot, 1840 (45 planches), 1 vol. in-fol.

Médailles de Syracuse. (Revue numismatique, 1840, p. 21.)

Médailles d'Emporium. (Revue numismatique, 1840, p. 85.)

Choix de médailles grecques. 17 planches, 1840, in-fol. Le texte n'a pas été publié.

Introduction à la grande Chronique de Matthieu Paris, traduite par M. Huillard-Bréholles. Paris, Paulin, 1840, in-8°. Le tirage à part est de 1841.

Médailles inédites. (Annales de l'Institut archéologique, 1841, p. 129.)

Arsinoé Philadelphe. (Annales de l'Institut archéologique, 1841, p. 296.)

Numismatique de Syracuse. (Revue numismatique, 1843, p. 1.) Ce travail encore manuscrit fut communiqué par le duc de Luynes à M. Brunet de Presle qui en a fait usage dans la troisième partie de son savant ouvrage intitulé : *Recherches sur les établissements des Grecs en Sicile*, Paris, 1845. Voici en quels termes M. Brunet à la page 620, note 2, mentionne la part de concours qui lui fut alors donnée par celui dont il devait bientôt devenir le confrère : « Ce dernier article, dit-il, dont l'auteur avait eu la bonté de nous permettre de prendre connaissance avant qu'il fût publié, expose d'une manière méthodique et succincte les modifications caractéristiques de l'épigraphie, de l'art, des procédés de monnayage et du poids des monnaies de Syracuse jusqu'à la conquête romaine. Une grande partie des observations qui vont suivre sont empruntées à ce juge éclairé. »

Observations sur un minerai de cobalt et de manganèse trouvé dans les carrières d'Orsay. (Comptes rendus de l'Académie des sciences.)

Analyse du fer météorique de Grasse. (Annales des mines, 1844, t. V, 4ᵉ série, p. 161.)

Mémoire sur la fabrication de l'acier fondu et damassé. Paris, Firmin Didot, 1844, in-8°.

Mémoire sur les Harpyes. (Annales de l'Institut archéologique, 1845, p. 1.)

Bronze de Châlon. (Annales de l'Institut archéologique, 1845, p. 223.)

Médailles inédites d'Amyntas, roi de Galatie. (Revue numismatique, 1845, p. 253.)

Essai sur la numismatique des satrapies et de la Phénicie sous les rois Achæménides. Paris, Didot, 1846, 2 vol. in-4° (16 planches.)

Eros et Gerea. (Annales de l'Institut archéologique, 1847, p. 179.)

Lettre à M. de Saulcy sur une inscription bilingue trouvée en Afrique. (Revue archéologique, 1847, t. IV, p. 702.)

Rapport sur la demande d'un crédit pour l'achèvement du tombeau de l'empereur Napoléon Ier. (Le gouvernement ayant retiré son projet de loi au moment où le rapport allait être déposé sur le bureau de la Chambre, ce travail n'a été imprimé qu'à quelques exemplaires in-4° à deux colonnes. Décembre 1849.)

Rapport au nom de la commission chargée d'examiner le projet de loi portant demande d'un crédit extraordinaire applicable aux travaux d'usine de la Manufacture nationale de Sèvres. (Moniteur du 16 juillet 1850.)

Médailles d'Abdémon, Pharnabaze, Syphax et Alexandre Bala. (Revue numismatique, 1850, p. 309.)

Numismatique et inscriptions cypriotes. Paris, Plon, 1852, 1 vol. in-4° (12 planches.)

Rapport sur l'industrie des métaux précieux, fait à la commission française du jury international de l'Exposition universelle de Londres. Paris, Imprimerie impériale, 1854, 1 vol. in-8°. (Le même rapport se trouve, mais abrégé, dans l'édition anglaise, 1851.)

Recherches sur l'emplacement de l'ancienne ville de Motya. (Annales de l'Institut archéologique, 1855, p. 92.)

Inscription phénicienne sur une pierre à libation du Sérapeum de Memphis. (Bulletin archéologique de l'Athenæum français, août et septembre 1855.)

Vase historique trouvé près de Kertsch, l'ancienne Panticapée. (Bulletin archéologique de l'Athenæum français, mars 1856.)

Mémoire sur le sarcophage et l'inscription funéraire d'Esmunazar, roi de Sidon. — Inscription punique de Malte. Paris, Plon, 1856, 1 vol. in-4°.

Monnaies des Nabathéens. (Revue numismatique, nouvelle série, 1858, t. III, p. 292 et 362.)

Le nummus de Servius Tullius. (Revue numismatique, nouvelle série, 1859, t. IV, p. 322.)

Procédés photographiques au moyen du perchlorure d'or. Note sur les épreuves présentées par M. le duc de Luynes à la Société française de photographie. (Bulletin de la Société française de photographie, t. V, n° de décembre 1859.)

Liber donationum seu concessionum Caroli primi de anno 1269, in-4°, 17 feuilles et demie. (Ce livre, imprimé chez M. Plon en 1864, d'après l'unique manuscrit des archives de Naples et sur une copie transmise par l'abbé Russo, n'a pas été publié. Le duc de Luynes voulait y joindre une préface et des notes que la mort l'a empêché de terminer. Le grand titre qui devait être donné en même temps n'a pas été composé.)

Biographie de la duchesse de Luynes, née Montmorency-Laval, écrite par le duc de Luynes son petit-fils en août 1867, et publiée par M. Delpit dans le journal *l'Union* du 4 mars 1868.

LISTE

PAR ORDRE CHRONOLOGIQUE

DES

OUVRAGES IMPRIMÉS AUX FRAIS DU DUC DE LUYNES

OU A LA PUBLICATION DESQUELS IL A CONTRIBUÉ.

Grande chronique de Matthieu Paris, traduite en français et annotée par A. Huillard-Bréholles. Paris, Paulin, 1840-1842, 9 vol. in-8°.

Recherches sur les monuments et l'histoire des Normands et de la maison de Souabe dans l'Italie méridionale, publiées par les soins de M. le duc de Luynes, *membre de l'Académie des inscriptions et belles-lettres. Texte par* A. Huillard-Bréholles; *dessins par* Victor Baltard, *architecte*. Paris, imprimerie Panckoucke, 1844, 1 vol. grand in-fol. avec 35 planches.

Trattato delle simboliche rappresentanze arabiche e della varia generazione de' Musulmani caratteri sopra differenti materie operati, dall' abbate Lanci. Parigi, Dondey-Dupré. 1845, 3 vol. in-4°.

Lettre adressée à M. Prisse d'Avesnes sur l'interprétation des hiéroglyphes égyptiens, par M. l'abbé Lanci. Paris, 1845, 1 vol. in-8°.

Première et deuxième lettre à M. de Luynes sur quelques types de l'art chrétien, dessinés par ses soins dans le département de la Somme, par M. Dusevel. Abbeville, 1853, in-4°.

Die proclamation des Amasis an die Cyprier, etc. Entzifferung der Erztafel von Idalion, von Dr Röth, *Professor der Philosophie und des Sanskrit an der Univers. zu Heidelberg*. Paris, Plon, et Heidelberg, Mohr, 1855, 1 vol. in-4°.

Chronicon Placentinum et Chronicon de rebus in Italia gestis, historiae stirpis imperatoriae Suevorum illustrandae aptissima, ad fidem Parisiensis et Londinensis codicum nunc primum recensuit, edidit et praefatione instruxit J. L. A. Huillard-Bréholles. *Auspiciis et sumptibus* H. de Albertis de Luynes. Parisiis, excudebat H. Plon, 1856, 1 vol. in-4°.

Choix de dessins de Raphaël faisant partie de la collection Wicar à Lille. 22 pages in-fol. imprimées chez H. Plon, 1857.

Cartulaire de l'abbaye de Notre-Dame des Vaux de Cernay, de l'ordre de Cîteaux, au diocèse de Paris, avec notes, index et dictionnaire géographique, par MM. Lucien Merlet *et* Auguste Moutié, *publié sous les auspices et aux dépens de* M. H. d'Albert, duc de Luynes. Paris, Plon, 1857-1858, 3 vol. in-4°, avec un atlas de 13 planches.

Carte comparée de la Sicile moderne avec la Sicile au douzième siècle, d'après Édrisi et d'autres géographes arabes, publiée sous les auspices de M. le duc de Luynes, *par* A. H. Dufour, *géographe, et* M. Amari. — Notice par Michele Amari. Paris, Plon, 1859, in-4°.

Le Tombeau de Childéric Ier, roi des Francs, restitué à l'aide de l'archéologie, etc., par M. l'abbé Cochet, *inspecteur des monuments historiques de la Seine-Inférieure.* Paris, Didron, 1859, 1 vol. in-8°. (Voir la Dédicace et l'Introduction, p. xx.)

Mémoires du duc de Luynes sur la cour de Louis XV (1735-1758), publiés sous le patronage de M. le duc de Luynes, *par* MM. L. Dussieux *et* Eud. Soulié. Paris, Firmin Didot, 1859-1860, 17 vol. in-8°.

Historia diplomatica Friderici secundi, sive constitutiones, privilegia, mandata, instrumenta quae supersunt istius imperatoris et filiorum ejus. Accedunt epistolae Paparum et documenta varia. Collegit, ad fidem chartarum et codicum recensuit, juxta seriem annorum disposuit et notis illustravit J. L. A. Huillard-Bréholles, in archivo Cæsareo Parisiensi archivarius. Auspiciis et sumptibus H. de Albertis de Luynes, unius ex Academiæ inscriptionum sociis. Parisiis, excudebat H. Plon, 1852-1861, 12 vol. in-4° (dont un volume d'Introduction en français).

Cartulaire municipal de Saint-Maximin, publié par M. L. Ros-

TAN, sous les auspices et aux dépens de M. H. D'ALBERT, DUC DE LUYNES. Paris, Plon, 1862, in-4°.

Cartulaire de l'abbaye de Notre-Dame de la Roche, de l'ordre de Saint-Augustin, au diocèse de Paris, avec introduction, notes historiques et dictionnaire géographique, par AUG. MOUTIÉ, et une suite de dessins par NICOLLE, architecte, publié sous les auspices et aux dépens de M. H. D'ALBERT, DUC DE LUYNES. Paris, Plon, 1862, 1 vol. in-4° et 1 atlas de 40 planches.

Voyage archéologique dans la régence de Tunis, exécuté en 1860, et publié sous les auspices et aux frais de M. H. D'ALBERT, DUC DE LUYNES, *par* VICTOR GUÉRIN, *agrégé et docteur ès lettres*. Paris, Plon, 1862, 2 vol. grand in-8°, avec une carte de la Régence de Tunis.

Sopra alcune monete scoverte in Sicilia, che ricordano la spedizione di Agatocle in Africa. Memoria del P. Giuseppe Romano. Parigi, dalla tipografia di Arrigo Plon, 1862, 1 vol. in-4°, avec une planche.

Layettes du Trésor des Chartes, par ALEXANDRE TEULET, *archiviste aux Archives de l'Empire*. Paris, Henri Plon, 1863-1866, 2 vol. in-4°. (Font partie de la collection des inventaires des Archives de l'Empire.)

Extrait des notes d'un voyage d'exploration à la mer Morte, dans le Wady-Arabah, sur la rive gauche du Jourdain et dans le désert de Palmyre, par M. L. VIGNES, *lieutenant de vaisseau*. Publié sous les auspices de M. LE DUC DE LUYNES, membre de l'Institut, avec deux cartes dressées par MM. VIGNES, COMBE et FOUET. Paris, Plon, 1865-1866, 1 vol. petit in-fol.

Esquisse géologique du bassin de la mer Morte ou lac Asphaltite, et des changements survenus dans le niveau de ce lac, par M. LOUIS LARTET. (Bulletin de la Société géologique de France, séance du 1er mai 1865, t. XXII (1864-1865), p. 420 à 463.)

Sur les gîtes bitumineux de la Judée et de la Cœlésyrie, et sur le mode d'arrivée de l'asphalte au milieu des eaux de la mer Morte, par le même auteur. (Bulletin de la Société géologique, séance du 5 novembre 1866, t. XXIV (1866-1867), p. 12 à 31.)

A ces deux mémoires il faut ajouter deux autres communications faites aussi par M. Lartet à la même Société :

1° *Note sur la découverte des silex taillés en Syrie, accompagnée de quelques remarques sur l'âge des terrains qui constituent la chaîne du Liban.* 2° *Recherches sur les variations de salure de l'eau de la mer Morte en divers points de sa surface et à différentes profondeurs, ainsi que sur l'origine probable des sels qui entrent dans sa composition.*

Recherches sur le culte public et les mystères de Mithra, par Félix Lajard, membre de l'Institut (ouvrage posthume). Paris, Imprimerie impériale, 1867, in-4°, avec un atlas de planches.

Notice sur des fouilles exécutées à la Butte-Ronde, près Dampierre, par M. le duc de Luynes. *Texte* par M. Gory, dessins par MM. Cormier et Louveau. Paris, F. Savy, 1867, in-4° (19 planches).

Notice sur des fouilles exécutées à la chapelle Saint-Michel de Valbonne, près Hyères (Var), par M. le duc de Luynes. *Texte par* M. Gory, *dessins par* M. Louveau. Paris, F. Savy, 1868, in-4° (6 planches).

SOMMAIRE DE LA NOTICE.

Avertissement, p. 1.

I. Idée générale du caractère du duc de Luynes, 3. — Sa vie privée; régularité et simplicité de ses habitudes, 4. — Fonds de timidité qui était en lui, 6. — Gravité et politesse de ses manières, 6. — Décision dans ses actes; maturité dans ses études, 7. — Sa gaieté avec ses intimes, 8. — Agréments de sa conversation, 8. — Comment il comprenait les devoirs des riches, 9. — Veuf à vingt-deux ans, il se livre tout entier au travail, 9. — Mort de son fils unique, 10. — Mort de sa seconde femme, 11. — Rares qualités de la seconde duchesse de Luynes, 12. — Regrets du duc; son profond abattement, 13. — Mariage de sa petite-fille; funestes pressentiments, 13. — Mort de la jeune marquise de Sabran, 14. — L'affliction de M. de Luynes ne l'empêche pas de songer aux autres, 15. — Soins qu'il donne aux cholériques de Picardie, 15. — Résumé, 16.

II. Le duc de Luynes dans sa vie publique, 16. — Il est quelque temps directeur adjoint du musée Charles X, 16. — Nommé membre libre de l'Académie des inscriptions et belles-lettres, 17. — Refuse en 1839 de rentrer dans la pairie, 18. — Devient membre du conseil général de Seine-et-Oise; services qu'il rend, 18. — Emploi intelligent et charitable de sa fortune, 19. — Nommé représentant du peuple à l'Assemblée constituante et à l'Assemblée législative, 20. — Monarchique par tradition, libéral par principes, il partage les idées de 1789, 21. — Son attitude politique, ses principaux votes, 22. — Son rapport sur la demande de crédit pour l'achèvement du tombeau de l'empereur Napoléon, 23. — Sévérité de ses critiques, 23. — Son rapport sur les travaux d'usine de la manufacture de Sèvres, 24. — Sa conduite au 15 mai et aux journées de juin 1848, 24. — Reconnaissance des ouvrières du faubourg Saint-Antoine envers lui, 25. — Sacrifice qu'il s'impose, 25. — Sa bienfaisance n'était point subordonnée aux nécessités politiques, 26. — Moralité de la richesse quand elle s'applique au bien public, 27. — Au 2 décembre le duc de Luynes rentre dans la retraite, 27. — Son peu d'éloignement pour les choses et les hommes de la République, 28. — L'offre qu'il fait à M. le comte de Chambord n'a rien de contradictoire avec ses idées libérales, 29. — Ce qu'il faut penser de ce don gratuit, 30.

SOMMAIRE DE LA NOTICE.

III. Goûts studieux héréditaires dans la famille de Luynes, 30. — Le duc de Luynes considéré comme savant, 31. — Il cultive avec succès la chimie et la minéralogie, 32. — Ses mémoires sur l'*Analyse de quelques métaux*, 33. — *Fabrication de l'acier fondu et damassé*, 33. — Médaille obtenue à l'exposition de 1844, 33.— Le duc livre son secret à l'industrie privée, 33.— Essais divers pour extraire du pélargonium et de l'isatis la matière colorante, 34. — Recherches sur la composition chimique de l'enduit des vases peints, 34. — Analyses diverses consignées dans les registres du laboratoire, 35. — Musée d'histoire naturelle de Dampierre, 36. — Collections minéralogiques et paléontologiques remarquables, 36. — M. de Luynes président du vingt-troisième jury à l'Exposition universelle de Londres, 37. — Son *Rapport sur l'industrie des métaux précieux*, 37. — Son goût pour la photographie, 38. — Perfectionnement des épreuves aux sels métalliques, 39. — Fondation d'un prix de huit mille francs pour les meilleurs procédés d'impression à l'encre grasse, 40. — Autres encouragements, 41. — Le prix est décerné à M. Poitevin, 43. — Résultats généraux des procédés de cet inventeur, 43. — Progrès que la fondation du prix a fait faire à la photographie, 44. — M. de Luynes contribue à la création d'un laboratoire de chimie à la Sorbonne, 44.

IV. M. de Luynes applique à l'érudition les vues pratiques et les méthodes de la science, 45. — Il mène de front les études sur l'antiquité et les recherches sur l'histoire du moyen âge, 46. — Son commentaire chronologique sur les *Diurnali de Matteo di Giovenazzo*, 47. — *Monuments des princes normands et souabes dans l'Italie méridionale*, 48. — Nécessité de recueillir les chartes pour éclaircir les textes des chroniques, 49. — Raisons qui font entreprendre l'*Histoire diplomatique de l'empereur Frédéric II*, 49. — Succès de cet ouvrage, 50. — Tombeaux des rois angevins de Naples dessinés par M. Charles Garnier, 51. — Ce projet de publication est abandonné, 51. — Traduction de la *Grande chronique de Matthieu Paris*, 52. — L'introduction est écrite par M. de Luynes; citation, 52. — Caractère du concours donné par lui aux travaux historiques, 53.— Société archéologique de Rambouillet, 54. — Publication de *cartulaires*, 54. — M. Moutié et l'*Histoire des sires de Chevreuse*, 55. — Générosité du duc de Luynes envers M. Teulet, 56. — La publication du *Trésor des Chartes* revendiquée par l'administration, 56. — *Carte arabe de la Sicile*, par M. Amari, 57.

— Ouvrage de M. de Luynes sur les *Monnaies puniques de Sicile;* raisons pour lesquelles il renonce à le publier, 59. — Recherches de M. Passerini sur les *Alberti de Florence*, 59. — Bibliothèque de Dampierre, très-riche en ouvrages d'histoire et en monographies italiennes, 60.

V. Variété des connaissances qui doivent constituer la science de l'antiquaire, 61. — La vocation du duc de Luynes est aidée par sa grande position de fortune, 62. — Ses débuts dans les *Annales de l'Institut archéologique de Rome* en 1829, 62. — Son ouvrage sur *Métaponte*, en collaboration avec M. Debacq, 63. — La polychromie antique, 64. — Fondation des *Nouvelles Annales de l'Institut archéologique*, section française, 65. — Travaux du duc de Luynes insérés dans la *Revue numismatique*, 65. — Description de vases peints et de médailles grecques, 65. — M. de Luynes s'engage dans l'étude des antiquités orientales, 66. — Ses rapports avec l'abbé Lanci, 66. — Essai sur la *numismatique des satrapies et de la Phénicie*, 67. — *Numismatique et inscriptions cypriotes*, 68. — Réserve du duc de Luynes à propos de la tablette de Dali, 69. — Interprétation hypothétique de ce monument donnée par M. Röth, 69. — Commentaire sur une *inscription phénicienne du Sérapéum de Memphis*, 70. — *Sarcophage d'Esmunazar*, roi de Sidon, 71. — M. de Luynes fait l'acquisition du monument et le donne au musée du Louvre, 71. — Difficultés du transport de ce sarcophage; citation, 72. — Explication de l'inscription funéraire d'Esmunazar, 74. — *Inscription punique de Malte*, 75. — Dissertation sur les *monnaies des Nabathéens*, 75. — M. de Luynes contribue à des fouilles exécutées en Égypte par M. Mariette, 76. — Il s'intéresse aussi à l'ouvrage de M. Lajard sur le *culte de Mithra*, 77. — Recherches sur les silex taillés, 78. — Ouvrage de M. Bonucci, 78. — Fouilles à la Butte-Ronde, près de Dampierre, et à Saint-Michel de Valbonne, 78. — Encouragements donnés aux travaux de M. l'abbé Cochet et de M. Dusevel sur les *antiquités du moyen âge*, 80. — Concours fourni par le duc à la préparation du *Dictionnaire de M. Godefroy*, 81. — La *Traduction des odes de Pindare*, par Boissonade, dédiée à M. de Luynes, 82. — Comment les anciens comprenaient la richesse, 83.

VI. Restauration du château de Dampierre, 84. — Description de cette résidence, 85. — Réunion d'œuvres d'art à Dampierre; la

SOMMAIRE DE LA NOTICE.

Pénélope ; la statue de Louis XIII, 87. — Sobriété dans la magnificence, 88. — Peintures de la salle à manger, 89. — Vase en argent du grand salon, 89. — La galerie de Dampierre destinée à devenir un sanctuaire du beau, 90. — Peintures confiées à M. Ingres, 91. — Nécessité de reprendre les murs de fond en comble pour y appliquer ces peintures, 92. — Changement de la décoration de la salle, 93. — Premiers rapports du duc de Luynes et de M. Ingres, 94. — Impression produite par l'ébauche de la composition de l'Age d'or, 95. — Avance faite à M. Ingres, 96. — Raisons qui peuvent servir à expliquer le refroidissement de l'artiste, 97. — Retour passager d'enthousiasme, 99. — Inaction de M. Ingres, 99. — Traité du 4 juin 1849, 100. — Mort de madame Ingres, 100. — M. Ingres renonce définitivement à son œuvre, 101. — Embarras du duc de Luynes, 102. — Ne pouvant faire détacher la peinture de la muraille, il se décide à la garder inachevée, 103. — Jugement sur la composition de l'Age d'or, 103. — La Minerve chryséléphantine de Simart, 104. — Panoplie exposée dans la galerie de Dampierre, 105. — Objets d'art divers, 106. — Broderie indo-portugaise conservée à Dampierre, 106. — Chapelle funéraire construite par M. Debacq, 108. — Réparations du château de Châteaudun, 109. — Villa Alberti à Hyères, 109.

VII. A partir de la mort de sa seconde femme, M. de Luynes ne produit plus aucun ouvrage, mais il continue d'encourager divers travaux, 110. — Il réalise son intention de donner ses collections à la Bibliothèque impériale, 111. — Son entrevue à ce sujet avec le conservateur du Cabinet de France, 112. — Mesures prises pour assurer les effets de la donation projetée, 113. — Clauses libérales de cette donation, 114. — Le donateur est exonéré de tous frais, 115. — L'estimation de la collection de Luynes est au-dessous de sa valeur réelle, 115. — Énoncé sommaire des objets dont elle se compose, 116. — L'acceptation provisoire de la donation est ratifiée par décret, 117. — Remercîments votés au duc de Luynes par le comité de la Bibliothèque impériale, 118. — Transport du Cabinet des médailles et de la collection de Luynes dans les bâtiments neufs, 119. — Le duc se montre satisfait de l'installation de ses collections, et y ajoute un nouveau don, 119. — En donnant ses collections à l'État, il semble renoncer à s'en servir pour lui-même, 120.

VIII. Le duc de Luynes veut consacrer à un grand voyage scientifique les derniers restes de ses forces, 121. — Programme de son voyage à la mer Morte et aux terres bibliques, 121. — Construction de la barque destinée à naviguer sur la mer Morte, 122. — Difficultés du transport de cette barque depuis Jaffa jusqu'au rivage de la mer Morte ; succès de l'entreprise, 123. — Obstacles qui pouvaient naître de l'état moral et physique de M. de Luynes ; il en triomphe heureusement, 124. — Navigation sur la mer Morte, 125. — Excursions à Sebbeh et à Kérak, 126. — Destruction du *Ségor* expliquée par des causes toutes naturelles, 127. — Résultats de l'exploration de la mer Morte d'après les notes de M. Vignes, 127. — Véritable dépression de cette mer, 129. — Exploration de la Moabitide, 129. — Arak-el-Emir, 130. — Reconnaissance du partage des eaux dans la vallée de l'Arabah, 131. — Retour par Pétra, 132. — M. de Luynes revient en France après avoir rempli de point en point son programme, 133. — Observations supplémentaires de MM. Vignes et Lartet sur les nivellements et la géologie de la vallée du Jourdain, 134. — Voyage de M. Vignes à Palmyre, 135. — Résultats de l'expédition publiés par M. Vignes pour la partie hydrographique, et par M. Lartet pour la partie géologique, 135. — La partie archéologique, que M. de Luynes s'était réservée, sera publiée par M. le comte de Vogüé, 136-137.

IX. Motifs qui font entreprendre au duc de Luynes son dernier voyage à Rome, 138. — Ses idées religieuses y ont beaucoup moins de part que ses opinions politiques, 138-139. — Arrivée du duc à Rome ; il porte secours aux blessés de Mentana, 140. — Ses courses pour recueillir des renseignements sur les volontaires pontificaux tués dans divers engagements, 140. — Il rentre à Rome épuisé de fatigue, 141. — Sa maladie prend tout à coup un caractère inquiétant ; il se prépare à la mort, 141. — Ses derniers moments, 142. — Le duc reçoit les sacrements ; comment il faut apprécier ce dernier acte de sa vie, 143. — La hauteur morale et le goût passionné du beau ont été les traits saillants et comme essentiels de son caractère, 144. — Résumé des services qu'il a rendus aux sciences, à l'érudition historique, à l'archéologie, 145.

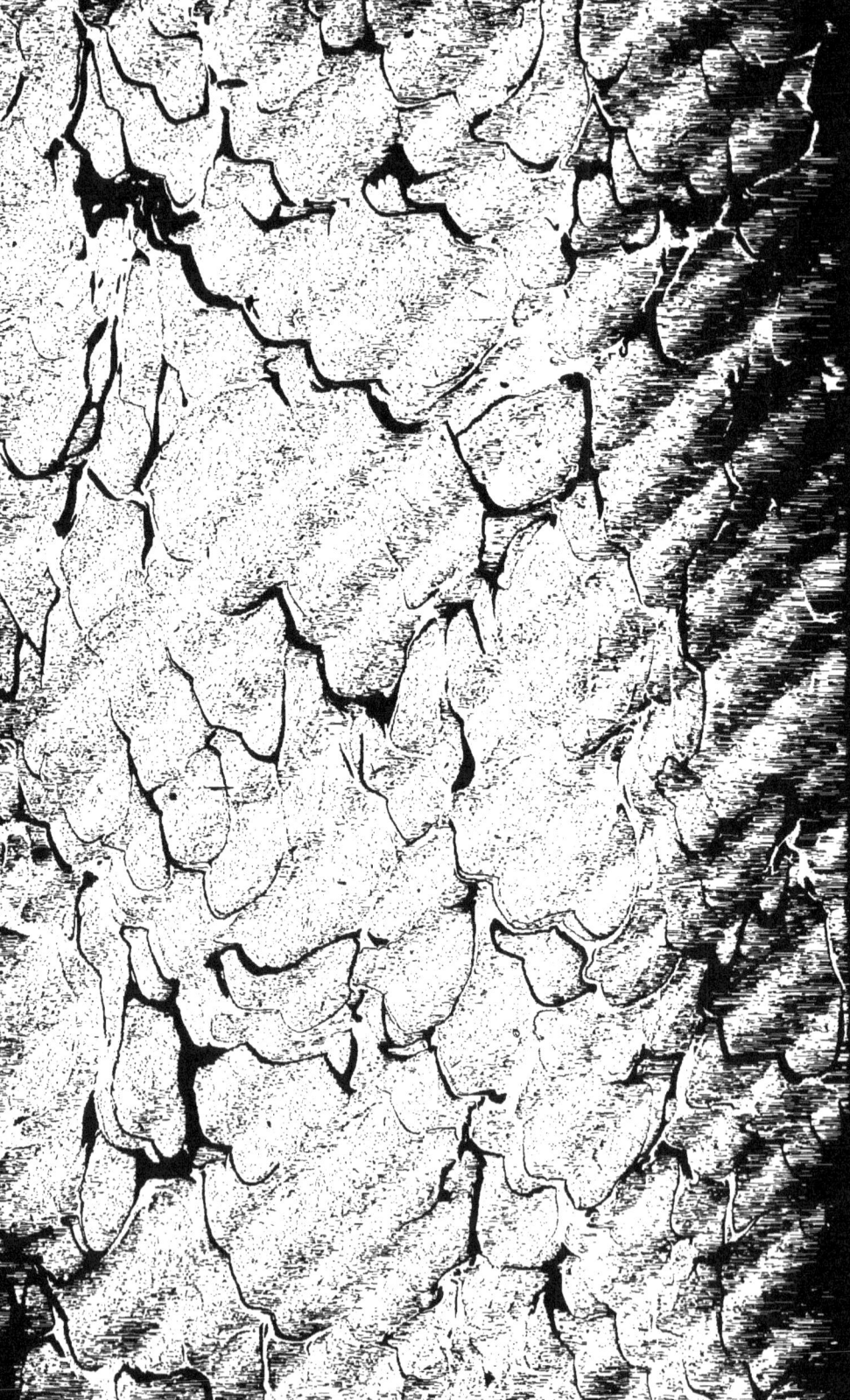

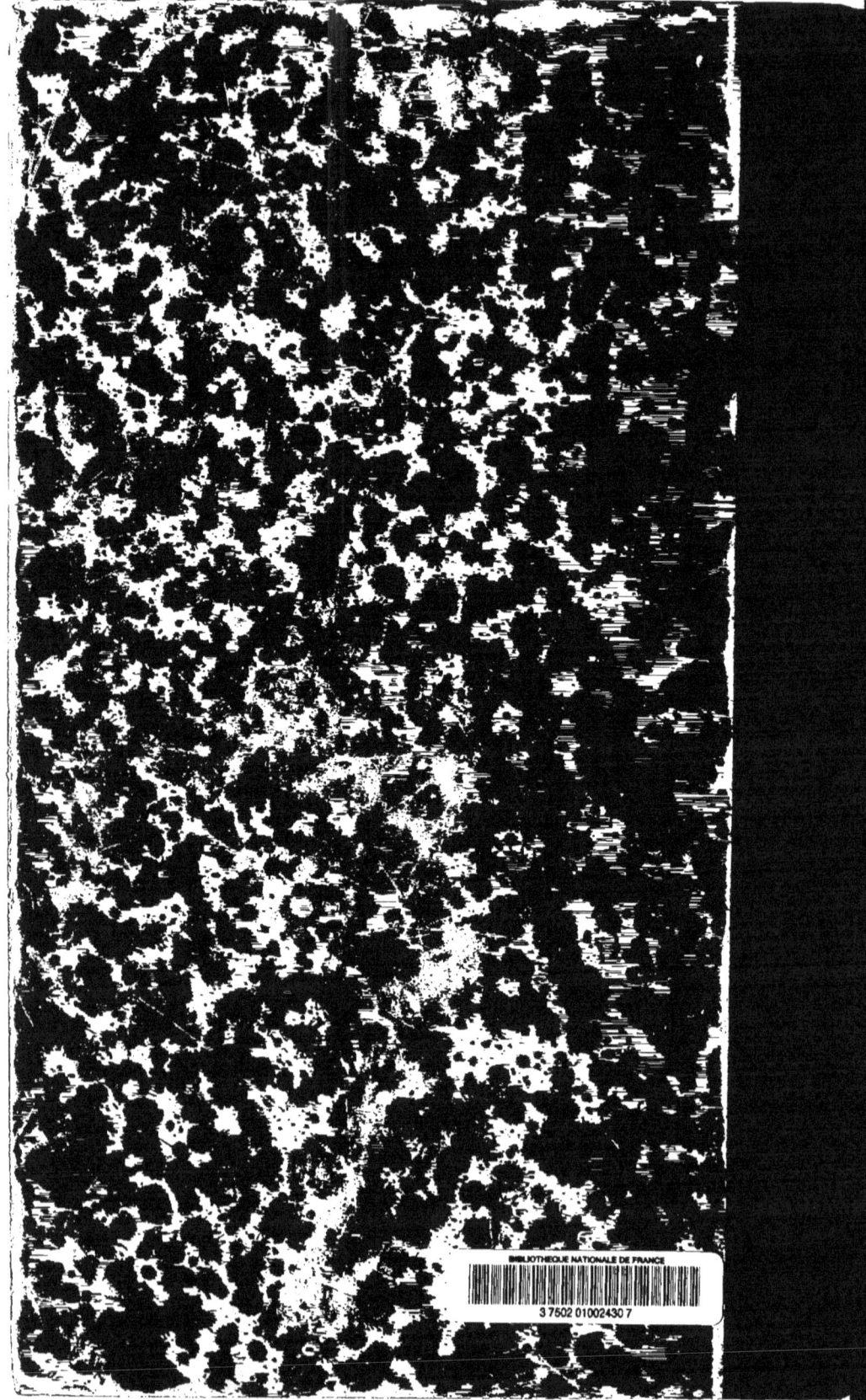

www.ingramcontent.com/pod-product-compliance
Lightning Source LLC
Chambersburg PA
CBHW070659100426
42735CB00039B/2332